Cannabis
melicinal

DE DROGA PROHIBIDA
A SOLUCIÓN TERAPÉUTICA

Amat Editorial, sello editorial especializado en la publicación de temas que ayudan a que tu vida sea cada día mejor. Con más de 400 títulos en catálogo, ofrece respuestas y soluciones en las temáticas:

- Educación y familia.
- Alimentación y nutrición.
- Salud y bienestar.
- Desarrollo y superación personal.
- Amor y pareja.
- Deporte, fitness y tiempo libre.
- Mente, cuerpo y espíritu.

E-books:

Todos los títulos disponibles en formato digital están en todas las plataformas del mundo de distribución de e-books.

Manténgase informado:

Únase al grupo de personas interesadas en recibir, de forma totalmente gratuita, información periódica, newsletters de nuestras publicaciones y novedades a través del QR:

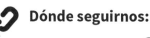

Dónde seguirnos:

🐦 | **@amateditorial**

f 📷 ▶ | **Amat Editorial**

Nuestro servicio de atención al cliente:

Teléfono: **+34 934 109 793**

E-mail: **info@profiteditorial.com**

Cannabis
melicinal

DE DROGA PROHIBIDA
A SOLUCIÓN TERAPÉUTICA

JOSÉ CARLOS BOUSO

Amat
editorial

© José Carlos Bouso, 2019
© Profit Editorial I., S.L., 2019
Amat Editorial es un sello editorial de Profit Editorial I., S.L.

Diseño de cubierta: Xic Art
Maquetación: Aina Pongiluppi / D'ainagràfic

ISBN: 978-84-17208-61-5
Depósito legal: B 6238-2019
Primera edición: Abril de 2019
Impreso por: Liberdúplex
Impreso en España — *Printed in Spain*

A David,
porque yo soy tú.

❖ ÍNDICE ❖

❖ INTRODUCCIÓN ❖

Los usos médicos documentados del cannabis se remontan a hace más de cinco mil años, pero no sería muy descabellado especular que, junto con el opio, probablemente fue la primera medicina que descubrió el ser humano en tiempos, como se suele decir, inmemoriales.

En 1961, en la Convención Única de Estupefacientes, se incluyen estas dos plantas, junto a una tercera, la hoja de coca, medicina milenaria también en toda la América andina, dentro de las listas de drogas prohibidas. Así, y en virtud de dicho tratado internacional, el cannabis, el opio y la coca, con toda probabilidad las tres plantas más importantes para el ser humano desde tiempos prehistóricos, se encuentran prohibidas desde 1961. Y las razones de tal decisión no tienen nada que ver con argumentos científicos, sino simplemente con la existencia de un uso al margen de los fines médicos habituales que desagradaba a quienes ostentaban el poder.

Pero, aparte de razones morales, también las había económicas, sociopolíticas y racistas: si leyéramos ahora el informe que sirvió de base a la prohibición de la hoja de coca, nos sonrojaríamos al pensar que ese mismo informe es el que prevalece aún hoy día como argumento para mantener la prohibición y el que justifica la persecución de millones de personas por querer hacer uso de la inofensiva y más bien beneficiosa hoja de coca: un informe de 1950 que hoy ningún científico osaría suscribir. En el caso del cannabis, ni siquiera hubo tal informe y es en fechas recientes, en 2018, cuando el Comité de Expertos en Farmacodependencias de la Organización Mundial de la Salud está elaborándolo.

Es muy posible, pues, que la situación legal del cannabis cambie a corto plazo. Con ello, los cincuenta y ocho años de prohibición de dicha medicina podrán considerarse un error histórico, aunque serán apenas un resfriado de unos días en la longeva vida que tiene ya la humanidad. Así pues, podría decirse que los días que faltan para que el cannabis pase de ser una droga prohibida a una medicina universal están contados. Como se verá en el capítulo 1 de este libro, numerosos países cuentan hoy con programas de cannabis medicinal en los que a los pacientes se les prescribe para el tratamiento de múltiples dolencias. También se explicará cómo dichos programas no existen aún hoy en España, a pesar de ser un país productor de cannabis medicinal que exporta a aquellos países que lo demandan. Una paradoja más de las muchas a las que nuestros políticos nos tienen acostumbrados.

Pero el cannabis no es una medicina porque ya se utilizara como tal hace miles de años. Dicho de otra forma: que un fenómeno perdure en el tiempo no lo convierte necesariamente en benigno. En el capítulo 2 se explicará por qué el cannabis es una medicina. En nuestro organismo existen moléculas de la misma familia química que los cannabinoides presentes en la planta del cannabis y que sirven para regular numerosas

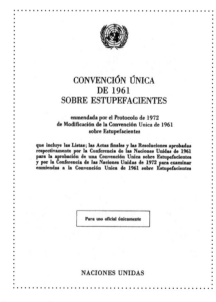

Convención Única de Estupefacientes (Fuente: Marta Molina).

funciones fisiológicas. Cuando las moléculas endógenas son incapaces de restaurar las funciones alteradas, el uso de sustancias exógenas puede contribuir al restablecimiento del organismo.

En el capítulo 3 nos ocuparemos de las citadas moléculas llamadas cannabinoides, diferenciando, por un lado, aquellas disponibles en el mercado legal (medicamentos basados en cannabinoides) y, por otro, aquellas más habituales en el mercado ilícito (las flores de cannabis, cremas y pomadas, extractos, tinturas, etcétera). En el capítulo 4 se explicará en profundidad cuáles son los principales cannabinoides presentes en la planta del cannabis, sus utilidades médicas y sus potencialidades futuras, para abordar con más detalle, en el capítulo 5, cuáles son las aplicaciones médicas del cannabis y de los cannabinoides. El capítulo 6 expone las posibles vías de administración del cannabis, las ventajas e inconvenientes de cada una de ellas y cómo hacer un uso lo más racional posible de acuerdo con las necesidades médicas.

Aparte de las evidencias que se tienen sobre la eficacia del cannabis en el tratamiento de numerosas enfermedades y síntomas, la investigación básica, es decir, la que se realiza en animales o en sujetos sanos con modelos de enfermedad, ofrece un campo cada vez más activo y fértil. Por ello, el capítulo 7 está dedicado a describir algunas de las enfermedades para cuyo tratamiento se están investigando compuestos basados en cannabinoides. Algunas de estas afecciones son el cáncer, las enfermedades neurodegenerativas, como el párkinson o el alzhéimer, y algunas mentales como la esquizofrenia.

Pero hay un aspecto que va más allá de tratar de curar, corregir o paliar enfermedades o síntomas. Se trata de cómo vive el paciente su enfermedad, cómo la siente, qué limitaciones encuentra en su vida cotidiana y qué sentido da a su enfermedad. Es el aspecto subjetivo de la enfermedad, lo que se denomina calidad de vida relacionada con la salud (CVRS). El capítulo 8 estará extensamente dedicado a la CVRS en la medida en que muchos pacientes usan cannabis precisamente porque les permite convivir mejor con su enfermedad, más allá de si es útil o no como medicamento.

Las agencias reguladoras de fármacos solo autorizan medicamentos cuando van destinados específicamente al tratamiento de un síntoma o una enfermedad concretos. Sin embargo, como la CVRS no es una enfermedad, no se desarrollan fármacos que permitan mejorarla. El cannabis rompe con este principio al aportar a la persona enferma, por encima de todo, una mejora en su calidad de vida. De igual modo, y aunque la CVRS está hoy en día aceptada como un factor clave de la medicina, las estrategias terapéuticas para mejorarla están muy pobremente desarrolladas. El cannabis viene a suplir este vacío permitiendo no solo la mejoría de los síntomas, sino también potenciando el bienestar en general. En consecuencia, también abordaremos en este capítulo qué beneficios puede aportar el cannabis en el plano espiritual, es decir, en las creencias y los valores acerca de ser y de estar en el mundo.

La Constitución de la Organización Mundial de la Salud afirma que «el goce del grado máximo de salud que se pueda lograr es uno de los derechos fundamentales de todo ser humano». Sobran las evidencias (aunque, obviamente, no por ello deba dejar de investigarse) que han demostrado el inmenso potencial del cannabis para la mejora de la salud, el bienestar y la calidad de vida de innumerables personas, enfermas o no. De ahí que la prolongada persecución del uso del cannabis no sea más que un atentado directo contra los derechos humanos.

El libro se cierra con un capítulo 9 dedicado a responder a diez preguntas clave en torno al cannabis que recogen aquello que más a menudo se comenta en los debates, tertulias y charlas de café, y que nos revelan un tema del que se habla mucho y se conoce, popularmente, poco.

Por último, he querido incluir un Anexo que propone un debate acerca del concepto de evidencia científica. En unas declaraciones realizadas en noviembre de 2018, la ministra de Sanidad española afirmó públicamente que no hay evidencias científicas que respalden el uso médico del cannabis. Unas declaraciones en estos términos no son inocuas: *primero*, son falsas; *segundo*, constituyen una falta de respeto y sustraen el reconocimiento que deberían merecer por parte de la Administración pública los investigadores que trabajamos en la obtención de evidencias científicas que demuestren (o no) las utilidades médicas del cannabis; *tercero*, desprecian, desconsideran y desvalorizan a los pacientes que utilizan cannabis con fines médicos y agravan su estigma, su exclusión social y su sufrimiento.

Es evidente que la ministra debería haber realizado un análisis menos impulsivo e irresponsable sobre un tema que claramente desconoce, y haberse informado adecuadamente antes de brindarnos sus reflexiones. Al final de la presente obra se ofrece un listado de informes científicos cuya lectura ayudaría a la señora ministra a evitar volver a opinar frívolamente sobre el tema. Es con el fin de precisar qué se quiere decir y qué se debe entender cuando se habla de evidencia por lo que considero necesario incluir un Anexo que ayude al lector a comprender mejor la dimensión del debate.

Por lo demás, el objetivo de este libro es precisamente aportar información objetiva acerca de los usos médicos del cannabis, sin dejar de tratar otros aspectos que tienen mucho que ver con la situación actual de este, tales como las razones por las que las políticas de drogas actuales han hecho de una medicina universal una droga prohibida.

En este sentido, y desde el inicio de su escritura, me propuse la rigurosidad argumental como principio básico, de ahí que al final de la obra se detalle toda la bibliografía utilizada para escribir cada uno de los capítulos. En este sentido, no se encontrará en ella una sola afirmación o dato arbitrario, inventado o especulado: todo lo que en ella se vierte es fidedignamente contrastable con la bibliografía final.

Así pues, como científico, presento las referencias bibliográficas que he utilizado, con la intención de que cualquiera que las revise pueda llegar a conclusiones parecidas a las mías. Se podrá cuestionar el criterio adoptado a la hora de elegir las referencias, pero en mi descargo diré que he procurado escoger referencias de alta calidad científica, preferiblemente y en la medida de lo posible basadas en revisiones sistemáticas y metaanálisis, las cuales, de acuerdo con la pirámide de la evidencia científica de la que hablo en el Anexo, se consideran el nivel más alto de evidencia médica.

Por otro lado, a pesar de ser este un libro de divulgación dirigido en principio a un público lo más general posible, he querido asimismo imprimirle mi huella personal, que no es otra que mi postura científica con relación al cannabis y a sus usos médicos, pero también acerca de la ciencia, de cómo se construyen las evidencias o de si la biomedicina es la única aproximación, o acaso la más apropiada, para abordar los temas de salud y para que los responsables políticos basen en ella sus decisiones con respecto a las políticas en materia de salud pública.

En el asunto drogas, la biomedicina se ha preocupado tradicionalmente de forma casi exclusiva de estudiar sus efectos negativos para la salud; por ejemplo, la adicción y toda su problemática asociada. Sin embargo, la adicción representa solo una pequeña dimensión de las drogas. Los antropólogos nos describen los múltiples roles que juegan las drogas en las sociedades, como aportar experiencias espirituales, servir como medicinas o potenciar el estrechamiento de los vínculos sociales entre los miembros de una comunidad. Y los economistas nos enseñan que tal vez las políticas actuales en materia de drogas son un fracaso en términos de salud general poblacional y a la hora de frenar la oferta y la demanda, como demuestra el despilfarro de recursos públicos económicos y humanos invertidos en ello.

Debemos, pues, mirar más allá de la biomedicina si queremos entender cuál es el papel de una droga en una sociedad, y fijarnos no solo en los eventuales daños que produce sino también en sus incuestionables beneficios. Para ejemplificar este fenómeno, en el capítulo 8 abordo en profundidad el problema de salud pública que supone en las sociedades modernas el proceso de atomización de los individuos como consecuencia de la desarticulación invisible de las redes de apoyo comunitario. La soledad, en las sociedades contemporáneas, supone un problema de salud pública tan inmenso como el tabaquismo o la obesidad, y no parece que haya políticas de salud pública enfocadas a resolverlo. Es en este contexto en el que entiendo que muchas drogas en general, y el cannabis en particular —por ser el objeto de este libro—, pueden ser más parte de la solución que del problema, siempre que el encuadre tome un plano más amplio que el meramente biomédico.

Todos estos análisis, diseminados a lo largo de los diferentes capítulos del libro, aunque puedan parecer caprichosos, en realidad son fruto de lo aprendido en mi carrera profesional al estudiar los efectos de numerosas drogas, entre ellas el cannabis, y ello no solo en relación con sus beneficios médicos sino también con sus efectos neuropsiquiátricos a largo plazo, siempre desde la perspectiva de que las drogas no son objetos aislados de la cosa social, sino sujetos activos dentro de ella que cumplen sus propias funciones.

De acuerdo con mi experiencia profesional como psicofarmacólogo, entiendo que los efectos que producen las drogas sobre la conducta, aunque extremadamente interesantes como objeto de estudio científico, son los menos importantes a la hora de entender las funciones de aquellas en una sociedad concreta. A este respecto, reducir el complejo fenómeno del papel de las drogas en la sociedad a sus efectos farmacológicos, como hace la biomedicina, sería como reducir el significado de la eucaristía cristiana al alcohol presente en el vino ingerido en la ceremonia. Espero que estas digresiones narrativas, digamos «de autor», sirvan para dotar de alma a un texto que quizás habría resultado un tanto frío si me hubiera remitido a adoptar un enfoque puramente informativo.

Por último, desearía advertir al lector de que no se halla ante un libro de medicina ni de autoayuda, aunque pueda servirles a médicos y a pacientes. Antes bien, por tratarse de un continuo de reflexiones sobre ciencia, política, biomedicina y análisis social, creo que al lector curioso e interesado en la relación entre estas diversas disciplinas este libro también le podrá resultar atractivo.

En lo que respecta a su estructura, cada capítulo comprende una unidad más o menos independiente del resto, lo que quiere decir que la comprensión de ningún capítulo está supeditada del todo a la lectura de ningún otro, aunque se ha pretendido mantener un orden secuencial que responda a una cierta narrativa según la cual en los primeros capítulos se introducen y explican conceptos y términos que irán apareciendo en los siguientes. Valga como ejemplo el capítulo 2, que constituye una introducción al funcionamiento del sistema endocannabinoide. Se trata probablemente del capítulo de más ardua lectura para el lector no especializado, mientras que al especializado puede que le aburra por su simplicidad. Sin embargo, aunque la comprensión del sistema endocannabinoide es esencial para entender cómo funcionan médicamente los cannabinoides, la ignorancia acerca del mismo no dificulta la comprensión de ninguno de los capítulos restantes. Por tanto, aunque la presencia de este capítulo es imprescindible en el libro, su lectura no lo es.

La biomedicina, por su parte, no es independiente de las condiciones sociopolíticas, económicas y estructurales de cada momento histórico. Cada cultura y cada sociedad tienen sus propias enfermedades y sus propias formas de abordarlas. Cincuenta y ocho años después de la prohibi-

Plantación de cannabis (Fuente: Goyo Fernández).

ción del cannabis, estamos muy cerca de ver cómo este error histórico se corrige. De momento, en octubre de 2018, el Parlamento Europeo aprobó debatir una resolución sobre el uso del cannabis con fines terapéuticos en la que, entre otros puntos, se insta a los países miembros tanto a invertir más en investigación sobre el cannabis y los medicamentos cannábicos, como a que «garanticen una disponibilidad suficiente de cannabis seguro y controlado para fines terapéuticos [...] cubierto por los regímenes de seguros de salud, al igual que ocurre en el caso de otros medicamentos».

Así pues, este libro introduce al lector en la nueva era cannábica, en la que el cannabis está dejando progresivamente de ser una droga prohibida para convertirse en una medicina universal. De acuerdo con una reciente encuesta del Centro de Investigaciones Sociológicas, así lo desea el 84% de la población española.

Antes de dejar paso a la lectura del libro, quiero agradecer la inestimable labor editorial de Emili Atmetlla. Sin su asistencia, la calidad de este libro habría sido notablemente inferior. Como es obvio, cualquier error es solo responsabilidad mía. Y, por supuesto, quiero dar las gracias a mis compañeros de la Fundación ICEERS, que hacen que cada día de trabajo sea un regalo enriquecedor.

EL **CANNABIS MEDICINAL**

EN LOS PLANOS INTERNACIONAL Y NACIONAL

ALGUNAS CONSIDERACIONES PRELIMINARES SOBRE LA PROHIBICIÓN DEL CANNABIS

La planta del cannabis ha acompañado al ser humano como medicina desde épocas prehistóricas a lo largo y ancho de los continentes y las culturas. Preparados realizados con la planta del cannabis han estado disponibles en las farmacias de todo el mundo, incluyendo las españolas, hasta bien entrado el siglo xx. Junto con el opio y algunos de sus derivados, el cannabis ha sido durante siglos el principal remedio del que disponían muchas culturas humanas para combatir los síntomas de numerosas enfermedades, principalmente el dolor.

Si entendemos la mente y el cuerpo como una unidad, el dolor es, esencialmente, una experiencia subjetiva de origen sensorial. El dolor, sobre todo el *dolor crónico de origen neuropático*, se manifiesta porque se han producido una serie de alteraciones permanentes en las vías nerviosas que transmiten la información sensorial. Nuestro cerebro es el órgano que procesa y da sentido a esa información sensorial. Es por ello que el dolor, con independencia de su causa, donde se produce es en el cerebro, de ahí que la experiencia del dolor sea tan íntima, privada, subjetiva, personal e intraducible. El dolor crónico es la única enfermedad para la que no se dispone de marcadores biológicos, esto es, de parámetros que nos permitan medirlo. El dolor es íntimo, y aproximarse a él desde fuera es imposible por su propia naturaleza.

Lo anterior se traduce en que el dolor tiene un componente psicológico que es indisociable de su componente físico. Si asumimos que mente y cuerpo forman una unidad y que el dolor se manifiesta en el cerebro, entonces entenderemos que cuando afirmamos que el dolor tiene un componente psicológico muy importante en realidad lo que estamos diciendo es que la experiencia del dolor es completamente psicológica, pues es la experiencia de nuestro cerebro que se manifiesta y se eleva a la consciencia. Por eso las medicinas psicoactivas —aquellas que ejercen sus efectos principalmente en el cerebro, como el cannabis y el opio y sus derivados y preparados— son analgésicos tan poderosos: al actuar directamente sobre el cerebro, que es el órgano en el que se padece el dolor, la experiencia subjetiva de este se modifica, reduciéndose y, en el mejor de los casos, eliminándose.

La humanidad no se ha acompañado por voluntad propia a lo largo de los milenios de plantas que le producen malestar. Si el opio y el cannabis han llegado hasta nuestros días y se siguen utilizando, independientemente de la evidencia científica al uso que demuestre más o menos su eficacia, es porque la evidencia empírica sigue siendo la principal herramienta de que se sirve el ser humano para saber lo que le conviene y lo que no. Y es en el caso del dolor donde este conocimiento alcanza su condición más irrefutable. Se hablará en profundidad sobre el dolor en diferentes capítulos de este libro, por ser la principal indicación para la que se utiliza el cannabis.

Paradójicamente, la mayor virtud que tienen las medicinas psicoactivas —la de actuar de forma directa sobre el cerebro mejorando el estado de ánimo y el bienestar emocional de las personas— ha sido la causa de su persecución en momentos puntuales de la historia. Por poner un ejemplo de todos conocido, el café ha sido quizás la droga más perseguida durante siglos y en diferentes contextos culturales. Descubierto probablemente en la Península Arábiga, y a pesar de ser uno de los obsequios de Alá al profeta Mahoma, incluso en el mundo árabe sufrió procesos de prohibición en los que se castigaba con tormentos públicos a los bebedores sorprendidos o delatados. En la Rusia de los zares, los *cafetómanos* se reunían en locales clandestinos aun a riesgo de que les cortaran las manos si eran descubiertos in fraganti bebiendo café. Pensar hoy en día que a alguien puedan azotarle en público o cortarle las manos por beber café, por muy amante o adicto que sea del mismo, nos parecería, cuando menos, delirante y, desde luego, una completa barbaridad.

Sin embargo, en la actualidad hay personas que sufren tormentos no menos crueles en muchos lugares del mundo por el mero hecho de llevar un porro encima. La razón es que los sistemas de prohibición de drogas nunca han ido contra las drogas, sino contra las personas: bajo la excusa de la persecución por cafetomanía, en realidad lo que se perseguía eran posibles reuniones conspirativas, el combustible en forma de paranoia que ha alimentado los motores de toda cruzada antidroga a lo largo de la historia.

El cannabis se empezó a perseguir cuando comenzó a popularizarse en ambientes nocturnos, siempre sospechosos de conspiración, como podían ser los clubes de jazz en Estados Unidos o los cabarets europeos. A decir verdad, dichos locales no suponían sino una alternativa a las estructuras de ocio socialmente establecidas, algo que nunca ha agradado a los poderes dominantes, una constante en numerosos contextos culturales diferentes y para drogas diversas.

Así, en 1961, después de diversas restricciones —como fue el caso pionero de Estados Unidos, y luego, por su influencia, cuando no por imposición, en el plano internacional—, las plantas del cannabis, de la adormidera y de la coca se catalogaron como estupefacientes y todo uso de las mismas quedó restringido a fines médicos y científicos, iniciándose en aquellos países firmantes del convenio internacional en el que tal decisión había quedado reflejada una persecución legal de quienes quisieron seguir haciendo uso de dichas plantas. De facto, aunque los convenios internacionales de Naciones Unidas consideraban como único uso lícito de los estupefacientes los destinados a fines médicos y científicos, en la práctica dichos *estupefacientes vegetales* desaparecieron de las farmacopeas y por tanto de las farmacias y de la práctica clínica.

Sin embargo, no se podía dejar a la humanidad sin los mal llamados estupefacientes (*estupefacientes* fue una categoría concebida para incluir a drogas de efectos farmacológicos del todo diferentes, como son la coca, el opio y el cannabis; por tanto, el término carece farmacológicamente de precisión y exactitud): puesto que no existen analgésicos más eficientes que los estupefacientes fiscalizados, habría sido un atentado contra la humanidad no permitir su uso médico. Lo que tuvo lugar a continuación fue un desarrollo vertiginoso de los opiáceos de síntesis, algunos de ellos con una potencia cien veces superior a la de la heroína, el principal analgésico derivado del opio.

De modo que nos encontramos ahora con otra paradoja: en el país promotor de la prohibición de los estupefacientes mueren cada día unas doscientas personas por sobredosis de opiáceos de síntesis, todos ellos de prescripción médica, en lo que se considera una de las epidemias más terribles de toda la historia de Norteamérica. Estados Unidos es una nación narcotizada en el sentido más literal de la palabra, y está viviendo un auténtico drama que se traduce en que las muertes causadas por sobredosis de opiáceos ya superan a las ocurridas en la famosa guerra de Vietnam, o a las producidas por el sida.

En el caso del cannabis, también aquel país que inició la prohibición es el escenario de una paradoja radical: hoy en día ya son más de treinta los estados norteamericanos que cuentan con legislaciones específicas que permiten el uso médico del cannabis, y con ello millones los pacientes adscritos a dichos programas. Y, lo más sorprendente: al menos nueve estados (más Washington D. C.) tienen regulaciones integrales que incluyen todo uso adulto.

EL CANNABIS MEDICINAL EN EL PLANO INTERNACIONAL

Sin embargo, la prohibición del cannabis (estrictamente hablando, no son las drogas —o, en este caso, la planta del cannabis— lo que está prohibido, sino su comercio) no frenó en ningún momento su consumo. Las personas que disfrutaban de sus efectos lo han seguido haciendo tercamente, a pesar de los riesgos económicos (multas) y legales (cárcel e incluso pena de muerte, cuando no asesinatos puros y duros sin juicio alguno de por medio, como son los casos actuales de China o Filipinas) a los que se exponían y se exponen.

A pesar de que los convenios internacionales legitiman el uso médico y científico de la planta del cannabis, la realidad es que dicho uso sigue estando en la clandestinidad en la mayor parte de los países del planeta, lo que no es tampoco obstáculo para que una buena parte de la población con enfermedades de todo tipo trate persistentemente de esquivar las consecuencias derivadas de dicha situación legal en busca de un alivio clandestino para su sufrimiento. En un informe de 2012 de la Organización Mundial de la Salud, se explicitaba que «anualmente, decenas de millones de personas padecen enfermedades, dolor de moderado a grave y, en última instancia, mueren, debido a la falta de acceso a medicamentos fiscalizados», es decir, prohibidos.

No obstante, la situación internacional con relación al cannabis medicinal está cambiando. La presión que ejercen los colectivos de pacientes, de científicos y de personal biomédico está haciendo que muchos países del mundo empiecen a implementar programas gubernamentales de cannabis con usos médicos. El primer territorio en el que se aprobaron leyes específicas sobre cannabis medicinal fue California, en 1996, cuando, tras un referéndum, el Gobierno de aquel estado legalizó el cannabis con fines terapéuticos.

El primer país del mundo en implantar un programa de cannabis medicinal fueron los Países Bajos, donde pacientes con diferentes enfermedades y bajo prescripción médica pueden comprar en las farmacias cannabis herbal estandarizado en forma de botes de 5 gramos cada uno en los que se especifican con precisión los porcentajes de los principales cannabinoides con propiedades médicas (THC y CBD, de los cuales hablaremos mucho a lo largo de este libro). En las farmacias holandesas los pacientes tienen, por tanto, la posibilidad de elegir diferentes variedades de cannabis herbal, así como en forma de aceite, con diferentes concentraciones de THC y de CBD y con un etiquetado preciso, de tal forma que los porcentajes son siempre los mismos para cada variedad concreta.

Otros países —de nuestro entorno, como Alemania o Italia, o más distantes, como Israel, Canadá o Uruguay— cuentan también con sus propios programas de cannabis medicinal (estos dos últimos, por cierto, también con una regulación integral del cannabis para uso adulto). Remito al lector al *Mapa mundial del cannabis medicinal* elaborado en la Fundación ICEERS para conocer la situación legal del cannabis medicinal en el mundo: https://www.cannabmed.com.

Tales programas de cannabis medicinal están amparados por los convenios internacionales, y aunque ante las primeras iniciativas de California y Países Bajos Naciones Unidas llamó la atención sobre lo inapropiado, en términos de regulación internacional, de la implementación de dichos programas, a medida que otros países se han ido sumando a los pioneros, Naciones Unidas ha reconocido explícitamente la legalidad de dichos programas e incluso ha establecido —en un informe de 2014— las «medidas de fiscalización aplicables a los programas de uso del cannabis con fines médicos en virtud de la Convención Única de 1961 sobre Estupefacientes». En dicho informe se reitera que «la Convención Única de 1961 sobre Estupefacientes enmendada por el Protocolo de 1972 limita el uso de estupefacientes, incluido el cannabis, a los fines médicos y científicos» (punto 218), y que «la Convención Única permite a los Estados miembros el uso de cannabis con fines médicos» (punto 219). Así, «los Estados que deseen crear programas de uso del cannabis con fines médicos que se ciñan a los requisitos de la Convención Única deben establecer un organismo nacional del cannabis encargado de fiscalizar y supervisar el cultivo de la planta del cannabis y de expedir licencias con ese fin» (punto 221).

En definitiva, se trata de programas gubernamentales que discurren por un circuito paralelo al de la prescripción de productos farmacéuticos basados en cannabinoides y desarrollados por la industria farmacéutica. El convenio de 1961 entiende por cannabis «las *sumidades* [terminaciones de la planta], floridas o con fruto, de la planta del cannabis (a excepción de las semillas y las hojas no unidas a las sumidades) de las cuales no se ha extraído la resina, cualquiera que sea el nombre con que se las designe». Por ello, los gobiernos pueden desarrollar programas de cannabis medicinal facilitando el acceso a la planta, o a algunos de los muchos derivados que hoy día se obtienen de ella, sin necesidad de cumplir con los procesos exigibles al desarrollo de medicamentos basado en la realización de ensayos clínicos.

SITUACIÓN LEGAL. PREVISIONES A CORTO Y MEDIO PLAZO

En España no existe ningún programa de cannabis medicinal, aunque parece que empieza a existir cierta voluntad política de iniciar uno. Esta realidad no representa, sin embargo, un obstáculo para la aparición de una nueva paradoja: aunque el Gobierno español no permite el uso médico del cannabis, sí concede licencias a empresas para cultivar cannabis medicinal destinado a la exportación. Como hemos visto en el apartado anterior, las leyes internacionales permiten la implementación de programas de cannabis medicinal; en este sentido, tampoco hay ninguna ley española que eventualmente pudiera impedirlos.

Durante el siglo XIX y hasta bien entrado el XX, el uso medicinal de los preparados farmacéuticos del cannabis estaba muy extendido: había en España decenas de productos de producción local, junto a otros desarrollados por las principales compañías farmacéuticas de la época; todos ellos contenían cannabis (tanto hachís como marihuana) en diferentes presentaciones, desde soluciones y macerados alcohólicos hasta cigarrillos. Por ejemplo, una patente española de 1910 se refería a un licor aromático denominado Haschisch de Montecristo, «de propiedades higiénicas y curativas de ciertas enfermedades». Y en una orden del Ministerio de la Gobernación de 1933 se acordaba «la adquisición, mediante concurso, con destino a la Restricción de Estupefacientes, de 50 kilos de opio en polvo, 90 kilos de extractos de opio acuoso, 300 kilos de hojas de coca y 100 kilos de cáñamo indiano, planta [...]. El importe de las adquisiciones mencionadas se satisfará con cargo a los fondos para tal objeto consignados en los presupuestos del Estado».

El Estado español ratificó el convenio de Naciones Unidas de 1961 en la Ley 17/1967 de Estupefacientes, que sigue en vigor y que dice textualmente, en su artículo 22: «No se permitirán otros usos de los estupefacientes que los industriales, terapéuticos, científicos y docentes autorizados con arreglo a la presente Ley». La Ley de Estupefacientes de 1967 ya contempla que «un sistema legislativo integrado y completo en la materia debe girar o sustentarse sobre [...] una administración por el sector público, minuciosa y total, de los estupefacientes». El control de dicho sistema legislativo corresponde desde entonces al Área de Estupefacientes y Psicótropos, organismo creado en su día (con otro nombre) para tal fin y hoy adscrito a la Agencia Española de Medicamentos y Productos Sanitarios del Ministerio de Sanidad, Consumo y Bienestar Social.

Sin perjuicio de que eventualmente se creara un organismo especial para el control del cannabis en un posible programa de cannabis medicinal en España, el organismo que pedía Naciones Unidas en su informe de 2014 para que se hiciera cargo del control del cannabis medicinal ya existe de hecho en nuestro país (la citada Área de Estupefacientes y Psicótropos), aunque, obviamente, lo deseable sería que se creara un organismo específico para esta cuestión, tal como ocurre en otros países.

Un programa de cannabis medicinal en España tampoco estaría en contradicción —al contrario, su encaje sería perfectamente factible— con otro tipo de normativas administrativas, como es el caso de la Ley de Garantías y Uso Racional de los Medicamentos y Productos Sanitarios, tal y como se recoge en el artículo 51 de dicha ley, que se refiere específicamente a los «medicamentos de plantas medicinales». El punto 3 del citado artículo afirma que «podrán venderse libremente al público las plantas tradicionalmente consideradas como medicinales y que se ofrezcan sin referencia a propiedades terapéuticas, diagnósticas o preventivas, quedando prohibida su venta ambulante». La directiva 2004/24/EC del Parlamento Europeo entiende como medicamento tradicional aquel que se haya utilizado por un período mínimo de treinta años antes de la entrada en vigor de la normativa (2004). Unas líneas más arriba ya vimos que el uso médico del cannabis en España está sobradamente documentado. Esa misma normativa europea establece que no es necesario realizar ensayos clínicos ni estudios preclínicos (con animales), ya que su uso tradicional garantiza su seguridad y eficacia. Esta normativa europea fue ratificada en España por Real Decreto 1345/2007, de 11 de octubre, por el que se regulaba el procedimiento de autorización, registro y condiciones de dispensación de los medicamentos de uso humano fabricados industrialmente.

Por otro lado, existen medicamentos basados en cannabinoides, como veremos detalladamente en el capítulo 3. En el caso de España y de la mayoría de los países de nuestro entorno, están permitidos dos de estos medicamentos, uno para el tratamiento de algunas epilepsias infantiles y el otro para el tratamiento de la espasticidad asociada a la esclerosis múltiple en pacientes en los que han fracasado los tratamientos previos. También se permite el uso compasivo en determinados contextos, como el dolor crónico o algunas enfermedades inflamatorias. Se hablará con más detenimiento de estos dos medicamentos en diferentes capítulos de este libro.

El desarrollo de un medicamento es un proceso largo (unos diez años) y costoso (2.500 millones de euros de promedio) y los ensayos clínicos y estudios científicos necesarios para poder comercializarlo solo pueden hacerse para cada indicación concreta. Por tanto, se necesitan diferentes tipos de estudios para demostrar la eficacia y seguridad de un medicamento en distintas enfermedades, algo que llevaría muchas décadas y una inversión inasumible si se quisiera desarrollar cada uno de los más de cien cannabinoides presentes en la planta del cannabis para cada una de las posibles enfermedades para las que podrían ser de utilidad.

En definitiva, al igual que ocurre en otros países que cuentan con programas de cannabis medicinal, los mercados farmacéuticos de medicamentos basados en cannabis y un eventual programa de cannabis medicinal, donde se utilice directamente la planta o bien preparados realizados con la misma, pueden coexistir sin contradicciones. En el caso de los mercados farmacéuticos, los medicamentos autorizados que hayan superado los exigentes controles de los ensayos clínicos podrán seguir siendo comercializados y prescritos, como de hecho ya ocurre, para las indicaciones terapéuticas que se hayan determinado en los ensayos. En el caso de que además exista un programa de cannabis medicinal, será el médico quien defina si un paciente se puede beneficiar del cannabis medicinal y quien lo prescriba sin necesidad de que la venta de cannabis en farmacias haga referencia a propiedades terapéuticas concretas, quedando sujeta la prescripción, como se ha dicho, a criterio médico.

Queda un tercer escenario posible: una regulación integral del uso adulto del cannabis, en la que se incluiría todo el proceso de reglamentación de la producción, la venta y el uso, sea este del tipo que sea. Durante el mes de octubre de 2018, el partido político Podemos anunció que presentaría una ley para regular el cannabis de manera integral. Una regulación integral supondría también un acceso libre al cannabis por parte de pacientes.

En función de cómo se ejecute en la práctica esta eventual regulación, la situación podría ser similar a la de otros países que han decidido regular integralmente el cannabis, tales como Uruguay o Canadá, con los matices propios de nuestro contexto cultural: acceso a cannabis de uso adulto por diferentes vías reguladas (en dispensarios especializados, en clubes sociales de cannabis o mediante el autocultivo), conviviendo con el acceso a cannabis medicinal a través de farmacias y bajo prescripción médica financiada por la Seguridad Social. No parece, pues, muy lejano el momento en que esto ocurrirá en nuestro país.

QUÉ ES EL **CANNABIS** Y **POR QUÉ** ES UNA **MEDICINA**

Llegados hasta aquí, ya es momento de explicar qué es el cannabis y por qué es una medicina. Sin duda, toda persona mayor de catorce años (o incluso más joven) habrá escuchado alguna vez la palabra *cannabis* y tendrá formada una idea concreta en su imaginario personal. La mayor parte de la gente sabe que el cannabis es una droga, de entre las ilegales la más consumida —sobre todo por los jóvenes—, y que produce problemas de memoria, dificultades en el aprendizaje y fracaso escolar.

Quien haya tenido algún contacto cercano con el mundillo de usuarios de cannabis sabrá además que muchos jóvenes lo fuman para escuchar una música de ritmo repetitivo y marcado en el segundo y cuarto pulso del compás llamada *reggae*. Los más jóvenes no sabrán qué es el *reggae*, y en su imaginario la música asociada claramente al consumo de cannabis será el *trap* (algo que los no tan jóvenes no sabrán ni qué es). El común de los españolitos también sabe que el consumo de cannabis puede producir alteraciones en el pensamiento, de ahí que sea de uso común la expresión «¿qué has fumado?» en una conversación rutinaria entre amigos cuando uno dice algo que a otro le parece una incongruencia. Los de más edad dirán «ni harto de grifa» (una variedad de cannabis fumada principalmente en Marruecos) como respuesta a una petición de un tercero considerada disparatada.

A la vez, muchas de estas personas, curiosamente cada vez más mayores, también saben, o han escuchado, o una vecina les ha dicho, o se han enterado en la sala de espera de una consulta médica —principalmente en las salas de oncología—, en una conversación casual o porque lo hayan visto en Internet o en la tele, o directamente porque alguien de su círculo de amigos ha empezado a utilizarlo, ¡que el cannabis tiene efectos terapéuticos!

Nada de esto debe sorprendernos. La mayoría de las drogas que conocemos, incluso el alcohol y la nicotina (que no el tabaco industrial), tienen, al margen de los nocivos, efectos terapéuticos. Por tomar dos ejemplos de drogas consideradas por todos como altamente peligrosas, como son la heroína y la cocaína, la primera, cuando llega al cerebro, se transforma en morfina, un analgésico ampliamente utilizado en medicina porque permite a muchos enfermos tener una calidad de vida digna más o menos libre de dolor, mientras que la cocaína se utiliza como anestésico local en oftalmología y otras especialidades médicas.

De hecho, la mayoría de las drogas que hoy se consumen de manera recreativa antes fueron fármacos de investigación médica y/o medicamentos. Por aportar otro ejemplo de plantas hoy prohibidas, en las farmacias españolas se podían comprar hasta mitad del siglo pasado preparados que contenían cocaína, heroína y cannabis para tratar numerosas afecciones que iban desde el dolor de muelas hasta el catarro común. Y se trataba de medicamentos bastante eficaces; de otro modo, obviamente, los farmacéuticos y boticarios no los habrían vendido ni los médicos los habrían prescrito.

Las razones por las que estos productos fueron retirándose del mercado y empezaron a ser perseguidos son de índole sociopolítica más que médica o científica, pero lo cierto es que el uso recreativo, e incluso los problemas de adicción derivados del mal uso del cannabis, no se consiguieron erradicar a pesar de la prohibición internacional de 1961.

Del mismo modo, el uso con fines terapéuticos de la planta del cannabis no solo no disminuyó, sino que no cesó de crecer hasta el punto de que, como hemos visto en el capítulo anterior, son numerosos los países que en la actualidad cuentan con programas de cannabis medicinal y, como veremos en el próximo capítulo, existen también medicamentos desarrollados a partir de la planta del cannabis. A continuación se explicará qué es el cannabis, qué son los cannabinoides y por qué poseen efectos terapéuticos.

¿QUÉ ES EL CANNABIS?

El cannabis es una planta dioica (se dan machos y hembras) que se separó hace unos 27.8 millones de años del *Humulus*, la planta del lúpulo. La taxonomía botánica clasifica el cannabis como perteneciente al orden de las *Urticales*, familia *Cannabaceae*, género *Cannabis* (cáñamo), especie *sativa* (Linné). Existe un debate acerca de si el cannabis es una especie única (*Cannabis sativa*, con varias subespecies y variedades) o si hay varias especies distintas (*Cannabis sativa*, *Cannabis indica* y *Cannabis ruderalis*).

Diversos estudios paleobotánicos indican la presencia de la planta del cannabis en Europa desde el Mioceno tardío (hace unos cinco millones de años), y en la Península Ibérica hay varios registros que constatan su uso humano desde hace unos quince mil años. También se han encontrado momias de hace dos mil años envueltas con telas hechas de cáñamo, la más antigua en Murcia.

El primer registro escrito del uso medicinal del cannabis aparece en farmacopeas chinas de hace más de cinco mil años, y en las culturas antiguas y medievales se utilizaba predominantemente para el tratamiento de diversos trastornos somáticos, incluyendo dolor de cabeza, epilepsia, fiebre, infecciones bacterianas, diarrea, dolor reumático y malaria. La medicina occidental usó el cannabis hasta bien entrado el siglo xx como un analgésico común antes de la introducción de la aspirina.

Por otra parte, numerosas culturas del planeta, desde la India hasta Jamaica, se han servido de los efectos psicoactivos del cannabis como vehículo para contactar con el mundo espiritual.

Flor de la planta del cannabis (Fuente: Benjamin de Loenen).

COMPOSICIÓN QUÍMICA DE LA PLANTA DEL CANNABIS

La planta del cannabis es una auténtica fábrica de compuestos químicos. Se estima que existen más de cuatrocientos de estos compuestos entre cannabinoides, terpenos, flavonoides, aminoácidos, alcoholes simples, ácidos grasos, vitaminas, pigmentos, etcétera. Si bien la mayoría de estos compuestos se encuentran también en otras plantas, se da la singularidad de que los cannabinoides solo se han encontrado por el momento en la planta del cannabis.

Sin embargo, como veremos más adelante, existen cannabinoides en el organismo de numerosos animales, incluido el ser humano, y también se pueden sintetizar cannabinoides en el laboratorio mediante la imitación y la modificación de las estructuras químicas de los cannabinoides naturales. Por ello, aunque a todos se los denomine genéricamente con el término *cannabinoides*, a veces, cuando es necesario distinguirlos, se denomina *fitocannabinoides* a los cannabinoides de origen vegetal, *endocannabinoides* a los cannabinoides presentes en los animales y *cannabinoides sintéticos* a los sintetizados en el laboratorio. Asimismo, en los últimos años se han ido encontrando en la naturaleza compuestos que, sin ser cannabinoides, actúan sobre el sistema endocannabinoide (el cual se explicará más abajo). Con los años, el número de cannabinoides localizados en la planta del cannabis ha ido creciendo, cuantificándose más de cien a fecha de hoy. Sin embargo, conocemos las propiedades de muy pocos de ellos.

Respecto a las otras familias de compuestos químicos presentes en la planta del cannabis, las principales a las que se les atribuye bioactividad son las de los terpenos y los flavonoides. En el caso de los terpenos, cada vez hay más evidencias de que son corresponsables, no solo de los efectos psicoactivos del cannabis, sino también de sus propiedades terapéuticas. Esta corresponsabilidad puede articularse de dos formas: bien porque tengan efecto directo por sí mismos, bien porque modulen la acción de los compuestos que sí lo tienen, consiguiendo un efecto final que es diferente del que produciría cada compuesto por separado.

Quizás el ejemplo mejor conocido de este fenómeno es el relativo al efecto psicológico del THC (el principal cannabinoide psicoactivo de la planta del cannabis): sus efectos son muy diferentes dependiendo de si se administra en su forma pura, si se administra conjuntamente con otro cannabinoide llamado CBD (cannabidiol) o si se administra en forma de flor (cogollo), donde están presentes el resto de compuestos. Así pues, los distintos compuestos de la planta se influyen entre sí para conseguir un efecto final que, como se ha dicho, es diferente, tanto en el plano fisiológico (bioactividad) como en el psicológico (psicoactividad), de sus efectos en sus respectivas formas aisladas. A este fenómeno, del que hablaremos más adelante, se lo conoce como «efecto séquito» o «efecto *entourage*».

Como se ha mencionado más arriba, se han hallado hasta el momento más de cien cannabinoides en la planta del cannabis. El más conocido es el THC, o delta-9-tetrahidrocannabinol, que es el principal responsable de los efectos psicológicos del cannabis y el que más se ha estudiado hasta la fecha. El otro principal cannabinoide es el CBD, o cannabidiol, que se ha popularizado durante los últimos años conforme se le iban descubriendo nuevas propiedades médicas.

Otros cannabinoides presentes en la planta del cannabis, y cuyas eventuales propiedades terapéuticas se están empezando a conocer ahora, son el THCV (tetrahidrocannabivarina), el CBG (cannabige-rol) y el CBC (cannabicromeno). Otro cannabinoide bien estudiado es el CBN (cannabinol), aunque se trata más bien de un producto re-sultante de la degradación del THC que tiene lugar durante el proceso de secado y no tanto de un cannabinoide presente en la planta.

Compuesto	Posible aplicación médica
Cannabigerol (CBG)	Antibiótico, antifúngico, analgésico, antiinflamatorio.
Cannabicromeno (CBC)	Antibiótico, antifúngico, analgésico, antiinflamatorio.
Cannabidiol (CBD)	Analgésico, antiinflamatorio, antipsicótico, ansiolítico.
Cannabinol (CBN)	Antibiótico, sedativo, anticonvulsivante, antiinflamatorio.
Cannabidivarina (CBDV)	Antiepiléptico, tratamiento para el trastorno del espectro autista.
Delta-9-tetrahidrocannabinol (THC)	Euforizante, analgésico, antiinflamatorio, antioxidante, antiemético.

Principales fitocannabinoides de acción terapéutica (no todas estas aplicaciones se han mostrado eficaces en el ser humano).

La bioactividad de los diferentes cannabinoides está en función de las características químicas de cada uno de ellos. Los cannabinoides comparten un esqueleto químico común llamado ácido araquidónico, y son las diferentes moléculas y enlaces químicos propios que cons-tituyen cada uno de los cannabinoides lo que determina su bioacti-vidad. Por ejemplo, en el caso de los cannabinoides mejor caracte-rizados y estudiados (THC, CBD y CBN), la presencia de un doble enlace de carbono en la molécula del CBN reduce su psicoactividad con relación al THC en un 90%. En cuanto al CBD, el mantenimiento de ese mismo doble enlace de carbono más la presencia de un grupo hidroxilo (un grupo funcional formado por un átomo de oxígeno y otro de hidrógeno) le resta toda la psicoactividad.

La naturaleza, pues, ha jugado con las relaciones estructurales de las moléculas para que, en interacción con el cerebro humano, se produzcan unos efectos concretos u otros. Este mismo tipo de procesos, es decir, la modificación de la estructura de una molécula para conseguir unos efectos concretos en el organismo, es lo que realizan continuamente los químicos en sus laboratorios, en busca de moléculas singulares específicamente relacionadas con procesos fisiológicos concretos.

EL SISTEMA ENDOCANNABINOIDE

No solo existen cannabinoides en la planta del cannabis. Gracias al conocimiento que se tiene de las «relaciones estructura-actividad», esto es, qué estructuras químicas concretas producen tal o cual tipo de efectos fisiológicos específicos, también se pueden crear cannabinoides en el laboratorio partiendo de las moléculas básicas de los cannabinoides conocidos y modificando su estructura química para sintetizar compuestos que actúen sobre el sistema cannabinoide endógeno.

El sistema cannabinoide endógeno, o sistema endocannabinoide —en adelante SEC—, es un sistema biológico de regulación fisiológica cuya principal función es mantener la homeostasis del organismo. Es decir, mantener al organismo en unas condiciones de equilibrio fisiológico que resulten en un estado de salud lo más óptimo posible.

El SEC funciona «a demanda», poniéndose en funcionamiento ante desequilibrios inesperados del organismo que pueden alterar su homeostasis y por ello producir enfermedad. Es en estos casos cuando el SEC se activa para tratar de devolver al organismo el equilibrio perdido. Piense el lector, por ejemplo, en una situación de dolor intenso tras un golpe en un dedo con un martillo, o en una situación de estrés agudo en la que una persona se enfrenta a una situación violenta, como puede ser un asalto.

Ante cualquier imprevisto inmediato que altere el normal funcionamiento del organismo, el SEC se movilizará para tratar de devolverle la normalidad fisiológica. Del mismo modo, una enfermedad crónica puede ser el resultado de una alteración permanente en el funcionamiento del SEC, de ahí que la utilización de fármacos que actúen sobre este tenga una utilidad médica valiosa.

El SEC es probablemente el sistema de regulación fisiológica más antiguo que se conoce. Esta regulación fisiológica, como en todo sistema orgánico, se realiza mediante la comunicación de información contenida en moléculas químicas, en este caso los cannabinoides. Tales cannabinoides primigenios ya se encontraban en un ancestro unicelular común de las plantas y los animales; cuando ambos linajes se fueron separando a lo largo de la evolución, el sistema endocannabinoide se fue desarrollando y haciéndose más complejo en los animales como principal sistema fisiológico de regulación del equilibrio (homeostasis) de los organismos. Por ello, el SEC está implicado en el mantenimiento de la salud de los organismos, se ve alterado cuando aparece una enfermedad y actuando sobre él se pueden tratar numerosas enfermedades. Estos procesos, como ya se ha señalado, se realizan mediante la transmisión de información contenida en moléculas químicas.

Así pues, al igual que ocurre con todos los sistemas de señalización fisiológica, el SEC se compone de neurotransmisores (llamados, en el caso del SEC, endocannabinoides), que son moléculas químicas encargadas de transmitir la información dentro del sistema; de receptores a los que se acoplan los neurotransmisores; de precursores, productos químicos utilizados para que los neurotransmisores se sinteticen, y de enzimas de degradación, que destruyen los neurotransmisores sobrantes una vez que el sistema ya no los necesita después de haber realizado sus funciones.

Receptores cannabinoides y endocannabinoides

El SEC fue descubierto a principios de los años noventa del siglo pasado. En 1964, el eminente químico Raphael Mechoulam había aislado por primera vez el THC del hachís (que es la resina presente en las flores de la planta), descubriendo así el compuesto principal responsable de la psicoactividad del cannabis. Sin embargo, tuvieron que pasar aún muchos años antes de que se descubriera cuál era el mecanismo por el que el THC producía su efecto, hecho que tuvo lugar en los años ochenta con el descubrimiento de los primeros receptores sobre los que actuaba el THC: los CB1 y CB2.

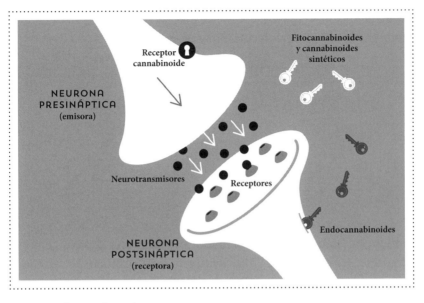

Sistema endocannabinoide

La ciencia farmacológica dice que si hay receptores dentro de los organismos es porque forzosamente cumplen alguna función biológica. Dicho de otro modo, no podía ser que hubiera receptores a los que se acoplara el THC solamente para que los humanos experimentásemos los efectos psicoactivos del THC cuando fumáramos hierba. Si había receptores cannabinoides, necesariamente debían existir compuestos endógenos de estructura similar al THC que también se acoplaran a ellos.

Y, efectivamente, fue de nuevo el equipo del Dr. Mechoulam el que descubrió, en 1992, una sustancia endógena que se unía al receptor cannabinoide CB1. A esta sustancia endógena (o «ligando endógeno») se le dio el nombre de *anandamida* (uniendo la palabra sánscrita *ananda* —beatitud interior— y el término químico *amida*), que se correspondía con la denominación química *araquidonoiletanolamida*. Desde entonces se han descubierto al menos media docena de endocannabinoides diferentes, así como distintos receptores cannabinoides, precursores químicos que sintetizan los cannabinoides y enzimas que los degradan. A su vez, con los años se han ido descubriendo diversas funciones para cada uno de estos compuestos y proteínas, su implicación en diferentes enfermedades y su modulación para corregirlas.

De hecho, las últimas investigaciones sobre el SEC nos lo presentan como un sistema de suma importancia —si no el más importante— para el normal funcionamiento del organismo humano. A este respecto, cada vez es más difícil encontrar una enfermedad, o un proceso fisiológico responsable de una enfermedad, en los que no esté implicado el SEC; y ello se debe a que cada vez es más difícil encontrar un órgano, un tejido o una función biológica en los que no se hallen receptores y compuestos cannabinoides.

Las recientes investigaciones van igualmente desvelando cómo los compuestos cannabinoides, sean fitocannabinoides (los cannabinoides presentes en la planta), endocannabinoides (cannabinoides endógenos) o cannabinoides sintéticos (sintetizados en el laboratorio), no son los únicos compuestos que actúan sobre el sistema cannabinoide, bien a nivel de receptores o bien en la medida en que actúan sobre la síntesis y la degradación de los endocannabinoides, sino que existen otros compuestos que también actúan sobre el SEC modulando su acción. Es el caso, por ejemplo, de algunos terpenos, que son aquellos compuestos que dan aroma y color a las plantas y participan en la síntesis de otros compuestos, como es el caso de algunas vitaminas.

Funciones del SEC

El SEC controla procesos biológicos básicos como la «elección» de las células entre la muerte y la supervivencia, su proliferación y su diferenciación. De ahí, por ejemplo, las líneas de investigación tan prometedoras que existen hoy día sobre los cannabinoides como potenciales compuestos antitumorales. El SEC es, pues, como se ha apuntado, uno de los sistemas —cuando no el principal— más prolíficos y versátiles presentes en los organismos de los animales, lo que lo convierte en una diana terapéutica para muchas enfermedades, incluyendo algunas neurodegenerativas como el párkinson o el alzhéimer. El Dr. Ethan Russo, uno de los mayores expertos mundiales en cannabis y cannabis medicinal, habla de «deficiencia clínica endocannabinoide» para referirse a aquellas enfermedades que tendrían como alteración común un mal funcionamiento del SEC.

Como ya se ha mencionado, existen receptores cannabinoides en la práctica totalidad de los tejidos y órganos del cuerpo. Originalmente se hallaron sobre todo en el cerebro (principalmente receptores CB1) y en las células inmunitarias (receptores CB2), pero hoy día también se han encontrado ambos tipos de receptores, y algunos otros que más abajo comentaremos, en la piel, el corazón, el tracto gastrointestinal, el hígado, los músculos, los huesos y el sistema reproductivo, entre otros.

SEC y cerebro

El sistema de comunicación con el que opera el SEC es bastante peculiar si lo comparamos con otros sistemas de neurotransmisión, al menos en lo que respecta al ámbito cerebral. En nuestro cerebro las neuronas están organizadas en forma de redes, que están a su vez interconectadas. Pero ninguna neurona está en contacto físico con ninguna otra. La forma en la que las neuronas se transfieren la información es mediante neurotransmisores, que no son otra cosa que compuestos químicos. Nombres como *serotonina*, *dopamina* o *anandamida* designan compuestos químicos que contienen información, de ahí el nombre de *neurotransmisores* o también de *mensajeros químicos*.

Cuando una neurona (llamémosla neurona emisora) necesita enviarle un mensaje a otra neurona (llamémosla neurona receptora) lo hace, en función de la información que quiera mandar, liberando un neurotransmisor concreto. Este neurotransmisor que parte de la neurona emisora se acoplará al receptor de la neurona receptora como lo hace una mano a un guante, y de este modo la neurona receptora captará el mensaje, transcribirá la información y, si es el caso, la transmitirá. Se podría decir que los neurotransmisores son las estructuras químicas en las que el lenguaje que habla nuestro cerebro se encuentra encriptado para poder ser transmitido de una neurona a otra. Como las neuronas están conectadas en forma de red, la información es compartida dentro de esa red, y como las redes están a su vez también interconectadas, la información es compartida entre diferentes redes dependiendo de las necesidades del sistema.

Como ya se ha dicho, en el caso del SEC existen diferentes neurotransmisores o mensajeros químicos. Los primeros en descubrirse fueron la ya mencionada anandamida y el 2-AG (2-araquidonilglicerol), y hoy ya se conocen algunos otros como el 2-AGE (2-araquidonil gliceril éter), el O-AEA (O-araquidonil etanolamina) y el NADA (N-araquidonil dopamina), entre otros. Todos los endocannabinoides son derivados químicos de una molécula «madre» llamada ácido araquidónico, un compuesto que sirve como precursor para un gran número de moléculas endógenas (por ejemplo, prostaglandinas, prostaciclina, tromboxanos y leucotrienos). Vemos cómo la naturaleza opera de acuerdo al principio del máximo beneficio al mínimo coste (o, lo que es lo mismo, con un aprovechamiento eficiente de la energía): partiendo de compuestos primarios se crean rutas metabólicas que dan lugar a moléculas diferentes, cada una con una función específica.

Lo interesante —al tiempo que peculiar— del funcionamiento del SEC en el cerebro reside en dos aspectos:

1. El primero, que la información se transmite de manera retrógrada a nivel de sistema nervioso. Esto quiere decir que, a diferencia de la forma habitual de comunicación, que parte de la neurona emisora hacia la receptora, en el caso de los endocannabinoides (en términos generales, pues las particularidades son más complejas y escapan a la intención divulgativa de este capítulo) el sentido en el que circula la información es el contrario: es la neurona receptora (llamada técnicamente neurona postsináptica) la que envía la información a la neurona emisora (llamada neurona presináptica), convirtiéndose, para el caso concreto del SEC, la neurona receptora en emisora y la emisora en receptora.

   Esto es lo que explica que el SEC sea un sistema central en la regulación del equilibrio u homeostasis del sistema nervioso: cuando hay un exceso de actividad neuronal, por ejemplo a causa de una situación de estrés o porque se está produciendo un eventual daño, la comunicación retrógrada sirve para neutralizar dicha alteración, regulando así el sistema y devolviéndole la homeostasis.

   Imagínese el lector que está hablando ante un grupo de personas que le escuchan. Aunque la persona que está hablando sea el emisor, este modula su discurso en función de la información que percibe de los oyentes. Siguiendo con este rudimentario símil, se podría decir que los oyentes estarían cumpliendo la función equivalente a la que desempeña el SEC en los organismos: regular la actividad del orador.

Por poner un ejemplo basado en la fisiología humana, se sabe que, cuando se produce un daño a nivel neuronal, se libera masivamente un neurotransmisor llamado NMDA (ácido N-metil-D-aspártico) que puede producir daños en las neuronas receptoras. Cuando esto ocurre, el SEC se pone en marcha liberando endocannabinoides desde las neuronas receptoras de NMDA hacia las emisoras para frenar dicha actividad liberadora de NMDA, con el fin de evitar un eventual daño neuronal irreversible.

2. La otra peculiaridad que presenta el SEC es que los endocannabinoides no se encuentran almacenados dentro de las neuronas, disponibles para ser utilizados cuando haga falta, como ocurre con el resto de sistemas de neurotransmisión cerebral, sino que se sintetizan en la neurona «a demanda», esto es, cuando es necesaria su utilización. Se podría decir entonces, haciendo una simplificación extrema, que en condiciones de normalidad fisiológica no existen endocannabinoides dentro de nuestro cerebro, sino que el organismo los produce solo cuando es preciso.

Por seguir con el ejemplo anterior, el proceso de síntesis y liberación de endocannabinoides se mantiene durante el tiempo que dura la reducción de la liberación de NMDA, de tal forma que, una vez regulado el sistema, rápidamente se pone en marcha un proceso de degradación de los endocannabinoides mediante una acción enzimática que los hace desaparecer del sistema.

De hecho, la vida media de los endocannabinoides es extremadamente corta y dura lo que tarda el sistema en volver a la normalidad, en el caso de que esto ocurra. Esta inmediatez en la síntesis y degradación de los endocannabinoides es, entre otras cosas, lo que hace que este sistema sea tan versátil en la modulación de tantos procesos fisiológicos de naturaleza diferente. Será en el caso de que la normalidad fisiológica no se reestablezca cuando pueda aparecer un problema patológico que se manifieste en forma de enfermedad.

Manipulación farmacológica del SEC

Llegados hasta aquí, estamos en condiciones de entender qué sentido tiene y cómo se produce la manipulación del SEC para el tratamiento de las numerosas enfermedades, síntomas y procesos patológicos para los que los cannabinoides y otros compuestos que actúan sobre el SEC son de utilidad.

A diferencia de los endocannabinoides, los fitocannabinoides (es decir, los cannabinoides que se encuentran en la planta) y los cannabinoides sintéticos tienen una vida media —y, por tanto, una permanencia en el sistema— muy larga. En el caso del THC, la permanencia es de días e incluso semanas, lo cual explica la eficacia de los tratamientos basados en cannabinoides en numerosas condiciones patológicas. Aunque la utilización de cannabinoides exógenos es la vía más habitual para combatir las enfermedades en las que el SEC está implicado, existen otras estrategias para el tratamiento de dichas afecciones.

Una vez comprendido el funcionamiento del SEC, es fácil entender de qué maneras se puede influir farmacológicamente en cada uno de los procesos constituyentes del sistema: se puede actuar inhibiendo o favoreciendo la síntesis de los endocannabinoides, se puede actuar utilizando cannabinoides exógenos que activen o que bloqueen los receptores cannabinoides, o bien se puede actuar potenciando o inhibiendo la vida media de los endocannabinoides en el sistema una vez que estos han sido liberados mediante la potenciación o inhibición de las enzimas encargadas de la degradación de los mismos, dependiendo en cada caso de las necesidades específicas.

Por ejemplo, se sabe que en las enfermedades llamadas autoinmunes la sobreactividad anormal de las células inmunitarias resulta en un ataque a los órganos del propio organismo. Las células inmunitarias son ricas en receptores cannabinoides (principalmente CB2) y, por tanto, puede ponerse en marcha una estrategia farmacológica basada en los principios recién enunciados y encaminada a frenar la sobreactividad inmunitaria y devolver así al organismo su equilibro fisiológico. En este sentido, no dejan de crecer las aplicaciones clínicas que ponen en práctica dichos principios de actuación farmacológica sobre el SEC.

Funciones de los receptores cannabinoides

Los receptores cannabinoides conocidos por el momento, aparte del CB1 y el CB2, son los llamados PPARy (receptores activados de proliferación de los peroxisomas) y los TRPV1 (receptor de potencial transitorio V1), así como los receptores llamados «huérfanos» (ya que se desconocen sus ligandos endógenos), como son los GPR18, GPR119 y GPR55.

Los receptores CB1 y CB2 se encuentran tanto en el sistema nervioso como en el sistema periférico (antes se pensaba que los CB1 eran más propios del sistema nervioso y los CB2 del sistema inmunitario). Los receptores CB1, por ejemplo, están muy presentes y son muy activos en las fases más tempranas del desarrollo, incluyendo las embrionarias, lo que indica su importancia en el desarrollo neuronal temprano, y su presencia, a diferencia de lo que es habitual en los receptores cerebrales, aumenta durante la transición de la adolescencia a la edad adulta y es elevada en regiones cerebrales como el hipocampo, los ganglios basales y la sustancia negra, entre otras.

Los receptores CB2 se encuentran en las llamadas «células de sostén» del cerebro, que dan alimento y protección a las neuronas; de ahí el importante papel de los CB2 en la protección del sistema nervioso. Las alteraciones en los receptores, como ya se ha dicho, dan lugar a posibles enfermedades, que, para el caso de los receptores cerebrales, pueden manifestarse en forma de afecciones psiquiátricas y neurológicas susceptibles de ser tratadas actuando sobre el SEC cerebral. Lo mismo ocurre en el caso de los receptores CB1 y CB2 presentes en los órganos del sistema periférico, tales como el sistema inmunitario, el sistema cardiovascular, el sistema reproductivo, etcétera.

Los receptores PPARy están implicados en la expresión de los genes y en diferentes procesos celulares (diferenciación, proliferación, etcétera) y los receptores TRPV1 están involucrados en la modulación del dolor, lo que explica el inmenso potencial de los cannabinoides para el tratamiento de este.

Por último, las enzimas más conocidas de degradación de los endocannabinoides son la FAAH (amida hidrolasa de ácido graso) y el MAG (monoacilglicerol). Por ejemplo, se sabe que el CBD (cannabidiol) inhibe la acción de la FAAH. Por lo tanto, como la FAAH se encarga de destruir la anandamida cuando esta ya no es útil, la utilización del CBD conseguirá, entre otras cosas, que la FAAH no actúe, lo que resultará en una prolongación del efecto de la anandamida en el organismo. En el capítulo 5 veremos las principales aplicaciones médicas de los cannabinoides, que, en definitiva, son el resultado de modular el SEC con dichos fármacos.

Para una exposición en detalle del sistema cannabinoide, véase la siguiente exposición que pronuncié en el marco de la Conferencia de Cannabis Medicinal, organizada por los amigos de la Asociación Bolera Besaya y celebrada en el Palacio de Exposiciones y Congresos de Santander el 24 de agosto de 2018.

DIFERENTES PRODUCTOS
BASADOS EN CANNABIS

Como ya se ha explicado en el capítulo 2, a pesar de que los únicos usos lícitos del cannabis que reconocen las legislaciones internacional y española son los médicos y los científicos, en nuestro país no existe un programa de cannabis medicinal. Esto comporta que los productos comerciales basados en cannabinoides desarrollados por la industria farmacéutica sean muy limitados y vean su utilización sumamente restringida en nuestro país.

Existen diferentes productos con cannabinoides. Por un lado, está la planta, cuyas flores conforman lo que se conoce como marihuana y que puede fumarse (una vía completamente desaconsejada) o vaporizarse utilizando un dispositivo que libera los cannabinoides en forma de vapor sin producir combustión, y por tanto sin liberar partículas tóxicas cancerígenas.

Mediante el procesamiento de las flores se pueden extraer diferentes productos: si se tamizan, se obtiene la resina, que es donde más se concentran los cannabinoides y que se conoce popularmente como hachís, el cual normalmente se fuma; utilizando métodos algo más sofisticados, se pueden extraer los cannabinoides y con ellos elaborar aceites para ser ingeridos por vía oral, cremas y pomadas para uso tópico o líquidos para cigarrillos electrónicos.

Los dos medicamentos que contienen cannabinoides presentes hoy en el mercado, Sativex® y Epidiolex®, son precisamente extracciones de la planta: el primero de una planta rica en THC y CBD en proporciones similares con los que se elabora un líquido que se dispensa en forma de espray mediante la utilización de un nebulizador, y el segundo de una planta rica en CBD con cuyo extracto se elabora un aceite para ser administrado por vía oral. Por último, existen medicamentos que contienen cannabinoides sintéticos (Cesamet®, Marinol® y Syndrox®), pero su utilización es escasa y en España no se utilizan.

En los países en los que existen programas de cannabis medicinal conviven los medicamentos cannabinoides desarrollados por la industria farmacéutica con los productos herbales, así como con preparados que utilizan dichos productos herbales, principalmente aceite de cannabis, como veremos más adelante. En España, la mayoría de enfermos que utilizan cannabis con fines médicos se elaboran sus propios productos partiendo de la planta, o los compran en asociaciones y clubes sociales de cannabis (CSC).

Durante los años ochenta del siglo pasado se comercializaron los primeros medicamentos basados en cannabinoides. Se trataba de THC sintético o de fármacos sintetizados a partir de la molécula del THC, a la que se le modificaba ligeramente la estructura química para encontrar efectos similares a los de la molécula original. Ocurre que en Estados Unidos está prohibida la extracción de THC de la planta, por lo que solo se puede utilizar THC de origen sintético. Esta es la razón de que el único THC que se utiliza en medicina en Estados Unidos sea de origen sintético (allí no está permitido el uso de Sativex® por contener THC extraído de la planta), al menos por el momento (hasta este extremo del absurdo llegan las políticas en torno al cannabis).

Estos medicamentos sintéticos se conocen como Cesamet® (por su nombre comercial, o nabilona, por su nombre farmacéutico), Marinol® (por su nombre comercial, o dronabinol, por su nombre farmacéutico) y Syndrox® (que es nabilona en solución oral de THC). Se trata de fármacos que se comercializaron primero en Estados Unidos para el tratamiento de las náuseas y los vómitos secundarios a quimioterapias y también para el síndrome de anorexia/caquexia (desnutrición en procesos avanzados de enfermedades graves) en enfermos de cáncer y sida en fases terminales. Nabilona y dronabinol nunca se han comercializado en España.

Aunque estos medicamentos se han mostrado eficaces para las indicaciones empleadas, su perfil de efectos secundarios los ha convertido en fármacos de uso clínico restringido. El principal inconveniente de estos fármacos es que el THC puro produce unos efectos secundarios psicológicos generalmente mal tolerados por los pacientes. Se presentan en forma de comprimidos y formulación oral (nabilona) y en cápsulas por vía oral (dronabinol), una vía de administración con un efecto muy errático en el organismo en el caso de los cannabinoides. Es decir, que existe una gran variabilidad en cuanto a los efectos producidos por la misma dosis, tanto entre diferentes pacientes como en un mismo individuo. Este efecto final está en función de los alimentos que se hayan ingerido, del momento del día en que se tome el fármaco y de otra serie de variables que hacen que el resultado no siempre sea el mismo.

Aunque este efecto errático puede llegar a controlarse con una cierta sistematización de la dieta y del régimen de ingesta del medicamento, su principal problema, como se ha apuntado antes, es el perfil de efectos secundarios psicológicos. Esto ha perjudicado la popularidad de ambos medicamentos en la mayoría de los países donde se han comercializado, como son los casos de Estados Unidos, Canadá, Reino Unido o Australia.

Sativex®

En 2010 apareció en el mercado el primer medicamento de origen botánico basado en cannabinoides, llamado Sativex®, por su nombre comercial, o nabiximol, por su nombre farmacéutico. Primero se comercializó en el Reino Unido, donde está radicada la empresa que lo había desarrollado, llamada GW Pharmaceuticals.

Sativex® es un extracto de la planta del cannabis, en este caso una variedad con un fenotipo específico que contiene una cantidad conocida y estandarizada de cannabinoides, principalmente THC y CBD. Se administra en forma de espray sublingual.

Sativex® evita y supera los principales problemas de nabilona y dronabinol: en primer lugar, la vía de administración no es oral, sino sublingual, lo cual reduce el efecto errático al no pasar el fármaco por el tracto gastrointestinal, y, en segundo lugar, no se trata de THC puro ni de un análogo químico, sino de una extracción de la planta que contiene, como ya se ha dicho, THC y CBD, principalmente, pero también otros cannabinoides, aunque en muy baja concentración, así como terpenos.

Como veremos en el siguiente capítulo, los efectos de los cannabinoides administrados en su forma pura y aislada son muy diferentes de los que se manifiestan cuando los administramos en forma de extracto de la planta y, por tanto, en combinación con el resto de productos presentes en la misma, principalmente otros cannabinoides y terpenos. Sativex® cumple en parte con este principio, de ahí que sus efectos sean más consistentes (menos erráticos) y carezca de efectos secundarios psicológicos relevantes.

Como se ha mencionado anteriormente, Sativex® se administra pulverizado en espray por vía sublingual. La dosis es de 0.1 mililitros, que contienen 2.7 miligramos de THC, 2.5 miligramos de CBD y un 5% de otros derivados del cannabis. Se comercializa en frascos de 5.5 mililitros, lo que supone un total de 55 pulverizaciones.

Sativex® está comercializado en numerosos países del mundo, pero no en Estados Unidos, sorpresivamente. Se da la paradoja de que en Estados Unidos hay más de treinta estados con leyes sobre cannabis medicinal y se vende no solo cannabis herbal sino también numerosos productos basados en la planta, entre ellos nabilona y dronabinol, y sin embargo no se permite un extracto de la planta que contenga el cannabinoide natural THC.

La indicación para la que está comercializado Sativex® en la mayoría de los países es como segunda elección (después de haber fracasado los tratamientos estándar) para los síntomas de espasticidad asociados a la esclerosis múltiple. En algunos países, además, se autoriza su uso para tratamiento del dolor neuropático.

En el caso de España, su uso principal es el ya mencionado como fármaco de segunda elección en el tratamiento de la espasticidad asociada a esclerosis múltiple. Está cubierto por la Seguridad Social si se prescribe en el ámbito hospitalario y lo autoriza un comité de ética hospitalaria. Si se prescribe en la práctica privada, el coste para el paciente es de 510 euros por un envase de tres pulverizadores, que suele durar aproximadamente un mes y medio.

También puede prescribirse Sativex® en España para el tratamiento de algunos tipos de dolor como el neuropático crónico o el oncológico, o para reducir los efectos secundarios de los quimioterápicos, pero estas opciones terapéuticas solo son posibles mediante la vía del uso compasivo: es el médico de cada paciente quien debe solicitar la prescripción del medicamento caso por caso, y su aprobación, caso por caso, corresponde al Comité de Ética de cada hospital, y como las decisiones de los Comités de Ética no son uniformes para todos los hospitales, nos encontramos con la paradoja de que una misma persona, dependiendo del área sanitaria y del hospital a la que esté adscrita, puede recibir autorización o no para utilizar Sativex® dentro del marco del uso compasivo. La obtención de Sativex® por medio de un médico privado es menos tortuosa, pero, como se ha dicho, le cuesta al paciente 510 euros cada mes y medio.

Los estudios realizados hasta el momento sobre los efectos a largo plazo del uso de Sativex® no han encontrado efectos secundarios neuropsiquiátricos, ni un aumento de problemas psicopatológicos (trastornos mentales como depresión, ansiedad o incluso psicosis), ni tampoco un aumento de problemas neuropsicológicos (como alteraciones en la memoria, en la atención o en las capacidades de concentración y planificación). Incluso en estudios recientes realizados con pacientes con esclerosis múltiple tratados con Sativex® no se han encontrado alteraciones en la capacidad de conducción de vehículos a motor.

Sativex® se está ensayando actualmente para numerosas indicaciones, incluida la de agente antitumoral. Un estudio reciente realizado con pacientes con glioblastoma multiforme (un tipo de tumor cerebral muy agresivo y mortal a corto plazo) recidivante (es decir, que el tumor se vuelve a manifestar después de la cirugía) prolongó la supervivencia en comparación con el placebo cuando se administró en combinación con la terapia estándar (temozolomida). La combinación Sativex® más temozolomida prolongó la supervivencia en un año en el 83% de los pacientes, frente al 53% de los pacientes que utilizaron la terapia combinada de temozolomida más placebo. Esto se tradujo en una supervivencia media de 550 días para el primer grupo frente a 369 días para el segundo.

Epidiolex®

Otro fármaco basado en cannabinoides y también desarrollado por GW Pharmaceuticals es Epidiolex®, una solución oral de cannabidiol (CBD) puro derivado de plantas. Se han realizado ensayos clínicos con Epidiolex® para el tratamiento del síndrome de Dravet, el síndrome de Lennox-Gastaut (LGS), el complejo de esclerosis tuberosa y los espasmos infantiles. Las dos primeras enfermedades son epilepsias infantiles resistentes al tratamiento habitual que cursan con convulsiones frecuentes y repetidas que frenan el desarrollo normal de los niños y afectan gravemente a su salud y calidad de vida. La esclerosis tuberosa es una enfermedad hereditaria poco frecuente que depara la formación de masas anormales (tumores no cancerosos) en algunos órganos del cuerpo, como pueden ser la retina, la piel, los pulmones, los riñones y el corazón. También suele afectar al sistema nervioso central (la médula espinal y el cerebro), produciendo lesiones cerebrales. Los espasmos infantiles son un tipo de encefalopatía (alteración cerebral) epiléptica de la infancia, grave y poco frecuente, que produce espasmos epilépticos y retraso en el desarrollo psicomotor.

Los primeros resultados de los estudios realizados con Epidiolex® han mostrado una reducción significativa del número de ataques específicos que sufren los pacientes con el síndrome de Dravet y de LGS. De hecho, el Epidiolex® se ha estado utilizando durante algunos años bajo uso compasivo para estas enfermedades en Estados Unidos, y recientemente ha sido autorizada su comercialización tanto allí como en Reino Unido y Brasil.

El CBD, en una formulación diferente a la presentada en Epidiolex®, también se está ensayando como medicamento para el tratamiento de la esquizofrenia con resultados prometedores, aunque los estudios no están tan avanzados como los de las enfermedades epilépticas recién mencionadas, para cuyo uso ya ha comenzado a comercializarse en numerosos países, incluyendo, España.

Cannador®

Otro medicamento basado en cannabinoides es Cannador®, un fármaco en fase de desarrollo a cargo de la Society for Clinical Research de Alemania. Se presenta en forma de cápsula oral que alberga un extracto de la planta con una relación THC/CBD de 2:1. Cada cápsula contiene 2.5 miligramos de THC y 1.25 miligramos de CBD.

Ha sido testado en pruebas clínicas como solución para reducir la rigidez muscular, los espasmos y el dolor en la esclerosis múltiple, la anorexia/caquexia en los pacientes con cáncer y el dolor postoperatorio. Aún no está comercializado.

Otros medicamentos

En los países y en los estados norteamericanos en los que existen programas de cannabis medicinal, la oferta de productos basados en cannabis es mucho más amplia que en los países que no disponen de estos programas, donde, en el mejor de los casos, solo se dispone de Sativex® y Epidiolex®. En los primeros se dispone de marihuana herbal con diferentes concentraciones y ratios de los principales cannabinoides (THC/CBD).

También empiezan a aparecer variedades herbales ricas en otros cannabinoides, aunque de momento el desarrollo de estas se encuentra en fases muy incipientes; su obtención se realiza mediante el cruce genético de variedades, potenciando aquellas con perfiles concretos en función de su mejor aplicabilidad médica. Contrariamente a lo que muchas personas piensan, no se trata de plantas transgénicas: la única manipulación tiene lugar por medio de la selección humana, al igual que sucede con cualquier otro producto vegetal, como las frutas o las verduras.

También se dispone de aceites ricos en cannabis para su uso por vía oral y sublingual, de comestibles que contienen cannabis y cannabinoides (como galletas o mantequillas), de cargas para cigarrillos electrónicos ricas en cannabinoides, de cremas y pomadas para uso tópico, de extracciones con alto contenido en cannabinoides o de nebulizadores que liberan cannabinoides. En el capítulo 6 se describirán los productos basados en cannabinoides más populares y utilizados por los pacientes.

Debido al confuso estado legal del CBD, hay numerosas empresas que en el mercado gris (mercado de legalidad ambigua) comercializan aceites, cargas para cigarrillos electrónicos e incluso variedades de cannabis ricos en CBD (sin THC). El estado legal del CBD es confuso porque, por una parte, no se trata de una sustancia que esté sometida a controles legales, pero, por otra, la manipulación para extraer compuestos de la planta del cannabis sí lo está (y el CBD que suelen vender dichas empresas es extraído de la planta). Sea como fuere, el comercio de CBD se está convirtiendo en un negocio floreciente, pero la ausencia de controles de calidad de los productos hace que muchas veces las dosis que aparecen en las etiquetas de estos no se correspondan con su contenido real o, lo que es peor, puedan albergar contaminantes derivados de los procesos de cultivo, como pesticidas o metales pesados.

Además, como veremos en el capítulo siguiente, el CBD no es siempre un fármaco efectivo con independencia de las dosis contenidas en los aceites comercializados, debido a la baja absorción que implica su consumo por vía oral. Por otra parte, el precio es tan elevado que dificulta en extremo un tratamiento eficaz basado en CBD.

Por último, muchos pacientes que se automedican con cannabis elaboran a menudo sus propios productos, principalmente aceites, cremas, macerados y comestibles. También realizan extracciones, muchas de ellas no del todo saludables (como las llevadas a cabo con determinados disolventes orgánicos). En el capítulo 6 se tratará más en profundidad este punto.

Quizás como un efecto secundario de la comentada prohibición, la alquimia cannábica está altamente desarrollada: los pacientes han ido aprendiendo a elaborar sus propias medicinas basadas en cannabis, alcanzando niveles de sofisticación inimaginables y una precisión tal en el manejo y la dosificación de sus ingredientes que los productos resultantes con frecuencia poco tienen que envidiar a los medicamentos desarrollados por la industria farmacéutica.

Medicamento / producto	Indicación autorizada	Vía de administración
Nabilona (Cesamet®)	Analgésico, antiemético.	Oral (comprimidos)
Nabilona (Syndrox®)	Analgésico, antiemético.	Oral (solución)
Dronabinol (Marinol®)	Analgésico, antiemético.	Oral (cápsulas)
Nabiximol (Sativex®)	Esclerosis múltiple, analgésico.	Espray sublingual
CBD (Epidiolex®)	Epilepsias infantiles refractarias: síndrome de Dravet, síndrome de Lennox-Gastaut (LGS).	Oral (solución)
Cannador®	En fase de prueba: esclerosis múltiple, analgésico.	Oral (cápsulas)
Cannabis herbal: extractos, aceites, supositorios, comestibles, cremas y pomadas.	Según regulación de cada país a criterio médico.	Inhalada, oral, rectal, tópica.

Medicamentos y productos basados en cannabis.

THC, CBD,

EFECTO *ENTOURAGE* Y OTROS

CANNABINOIDES DE

ACCIÓN TERAPÉUTICA

Empezaremos este capítulo recordando que las flores (cogollos) del cannabis son fábricas muy productivas de compuestos químicos. Se estima que hay más de cuatrocientos de estos compuestos entre cannabinoides, terpenos, flavonoides, aminoácidos, alcoholes simples, ácidos grasos, vitaminas, pigmentos, etcétera.

A día de hoy ya se han determinado más de cien cannabinoides en la planta del cannabis. En el presente capítulo nos referiremos principalmente al THC y al CBD, por ser los fitocannabinoides mejor estudiados y de cuyas propiedades médicas tenemos un conocimiento más cierto.

También hablaremos del término «*séquito* o *entourage*, referido a la diferencia en los efectos producidos por los compuestos aislados en comparación con aquellos —principalmente THC y CBD— que se presentan, como ocurre en el caso de la planta o en preparaciones de la misma —por ejemplo, los aceites—, acompañados del resto de cannabinoides y de los terpenos.

Por último, hablaremos más en profundidad de otros cannabinoides cuyas aplicaciones médicas se hayan en una fase de investigación aún muy incipiente.

THC

Como se sabe, el THC (delta-9-tetrahidrocannabinol) es el principal cannabinoide presente en la planta del cannabis y el responsable del efecto psicotrópico del «colocón», así como de los efectos terapéuticos. El impacto del THC difiere en función de si se presenta en su forma pura (THC aislado y purificado de la planta o THC sintético) o si se acompaña del resto de cannabinoides y terpenos, pero sobre todo de CBD (cannabidiol).

El THC puro tiene unos efectos que se llaman «psicotomiméticos», o parecidos a los síntomas de algunas enfermedades mentales, como paranoia, pensamientos autorreferenciales (todo lo que ocurre alrededor de uno tiene que ver con uno mismo, o los demás están hablando de uno), ansiedad y alteración de los procesos de memoria, sobre todo la que se conoce como memoria de trabajo, que es la capacidad para mantener información durante periodos cortos de tiempo; por ejemplo, retener en la memoria un número de teléfono para poder marcarlo.

Estos efectos secundarios del THC puro hacen que los pacientes prefieran productos derivados de la planta, ya que, con las mismas concentraciones de THC puro, los efectos psicológicos son mucho mejor tolerados. Y, dado que cualquier propuesta de medicación, sea esta del tipo que sea, debe pasar antes el filtro evaluador de su tolerabilidad, esto es, ha de tenerse en cuenta su perfil de efectos secundarios, dicho perfil condicionará el juicio clínico que decida si los efectos secundarios se ven compensados por la eficacia de la medicación para tratar una determinada enfermedad.

CBD

Como ya saben los lectores, el CBD es el otro cannabinoide mejor conocido de la planta, aunque aún no está al nivel de conocimiento que se tiene del THC. El CBD se ha popularizado en los últimos años, hasta el punto de que, a día de hoy, existen más de ciento cincuenta empresas, solo en la Unión Europea, que comercializan CBD. Incluso se ha llegado a describir el CBD, con fines promocionales, como «el componente médico del cannabis», afirmación que, por supuesto, está muy lejos de asemejarse a la realidad.

A diferencia del THC, el CBD es ansiolítico, antipsicótico y no produce las alteraciones sobre la memoria ocasionadas por el THC. Esto no quiere decir que el CBD no sea psicoactivo (es decir, que tiene efecto sobre el cerebro y, por tanto, sobre la conducta), como a veces se dice. El CBD produce efecto en el cerebro, lo que ocurre es que su repercusión en la conducta es menos evidenciable que en el caso del THC, ya que no produce efecto de «colocón» ni euforia. El CBD tampoco posee el impacto cardiovascular del THC, que produce un aumento de la frecuencia y el ritmo cardíacos.

Aunque las aplicaciones médicas del CBD son muy prometedoras para muchas enfermedades, en la práctica apenas existen estudios que demuestren su utilidad, más allá de las indicaciones descritas en el capítulo anterior: algunos tipos de epilepsias infantiles refractarias, psicosis y otras afecciones que se explicarán más en detalle en el capítulo siguiente.

No obstante, al margen de las posibles aplicaciones médicas que pueda tener el CBD, su principal virtud es la de modular el efecto psicológico del componente médico principal: el THC. No está resuelto el debate de si el CBD, administrado previamente a la toma de THC, reduce la psicoactividad de este. Lo que sí está claro es que modula su efecto haciendo que la psicoactividad del THC sea más tolerable, sin los efectos secundarios —o con dichos efectos atenuados— mencionados previamente.

Pero no solo el CBD modula la actividad del THC, sino que también lo hacen los terpenos. Se trata de aquellos componentes químicos que otorgan coloración a las plantas y que también participan en la síntesis de otros compuestos presentes en ellas; por ejemplo, las vitaminas. Se sabe que algunos terpenos localizados en la planta del cannabis se unen a receptores cannabinoides o tienen repercusión sobre alguna de las partes del sistema endocannabinoide. Como ya se ha dicho, a la acción conjunta de todos los cannabinoides con los terpenos se la denomina *efecto séquito* o *entourage*.

Cristales de CBD (Fuente: Marta Molina).

¿SON SEGUROS EL CBD Y EL THC?

Pensemos, por ejemplo, en las epilepsias infantiles refractarias a las que nos hemos referido en el capítulo anterior. Aunque el CBD (hablaremos más extensamente de él un poco más adelante en este mismo capítulo) se ha mostrado seguro y eficaz en los ensayos clínicos, en realidad sabemos muy poco de sus posibles efectos secundarios a largo plazo.

El CBD que contiene el cannabis está presente en concentraciones mucho más bajas de las necesarias para producir efecto terapéutico, razón por la cual no hay experiencia histórica del uso continuado de dosis altas de CBD. Y, aunque hay un fármaco comercializado basado en CBD, como es el Epidiolex®, la experiencia clínica con este fármaco, más allá de los ensayos realizados, aún no es muy amplia. Recientemente se ha publicado un estudio que describe cómo el tratamiento continuado con dosis altas de CBD producía toxicidad reproductiva en un modelo de ratón masculino. En el caso de que este resultado se replicase en sucesivos estudios de toxicidad (un solo estudio realizado con animales no es suficiente para tomar decisiones clínicas), y además estos resultados fueran extrapolables al ser humano, ¿constituiría un motivo para dejar de administrar CBD a niños con epilepsias refractarias?

La mayoría de los niños que responden bien al CBD ven reducir las crisis de decenas o incluso cientos a la semana a cero o a unas pocas crisis mensuales. El efecto que tiene cada convulsión sobre las neuronas es devastador: cada convulsión es, literalmente, un quemado de millones de neuronas. Y cada ataque deja una «huella» en el cerebro que lo hace más vulnerable a una nueva crisis. En consecuencia, las tasas de mortalidad en estos niños son altísimas. Dadas estas circunstancias, en el balance riesgos (toxicidad reproductiva)/beneficios (reducción de convulsiones), la eventual toxicidad reproductiva nada importa si se pueden reducir dramáticamente las convulsiones.

La buena noticia es que en un estudio publicado muy recientemente realizado sobre más de seiscientos niños con epilepsias infantiles refractarias se descubrió que a largo plazo el CBD, aparte de mostrarse eficaz (redujo en un 50% el número de convulsiones), se revelaba seguro casi dos años después del tratamiento. Sin embargo, el CBD, como cualquier otro fármaco, no está exento de efectos secundarios, sobre todo en niños que están tomando otras medicaciones, por lo que es necesario evaluar el riesgo de interacciones y tener en cuenta, como ocurre con cualquier otro medicamento, que no todos los niños lo toleran por igual.

En algunas de mis charlas sobre cannabis medicinal, los padres y madres de niños con epilepsias graves me preguntan a veces si el CBD no estará afectando al desarrollo normal de sus hijos o hijas, ya que se trata de un fármaco que actúa sobre el cerebro. Este sería otro ejemplo de toma de decisión clínica que necesita ponderar los beneficios frente a los riesgos de utilizar CBD.

Es normal, por tanto, que los padres y madres que tienen hijos e hijas en tratamiento con CBD alberguen esta preocupación. Sin embargo, en primer lugar, todas las evidencias de las que se dispone con relación al CBD apuntan a que tiene un papel neuroprotector y antiinflamatorio; de ahí, probablemente, su efecto antiepiléptico. En segundo lugar, a diferencia del THC, es un agonista débil (apenas tiene acción) sobre los receptores CB1, que son los responsables del efecto psicotrópico y que son cruciales en el desarrollo neuropsicológico temprano. Asimismo, el CBD ejerce efectos opuestos (y así se ha comprobado en estudios con pruebas de neuroimagen, como la resonancia magnética) a los del THC en el cerebro.

Por ello, de acuerdo con la evidencia científica disponible, no deberíamos preocuparnos acerca de si el uso continuado de CBD puede estar afectando al neurodesarrollo de un niño o niña, al menos en los casos de epilepsias graves. En cualquier caso, como se ha dicho antes, tampoco hay mucha evidencia a largo plazo sobre el uso continuado de dosis altas de CBD y/o Epidiolex®: el conocimiento de las propiedades neuroprotectoras y antiinflamatorias del CBD proviene de estudios *in vitro* (en células de cultivo) o de la investigación animal. La experiencia real de uso en niños es muy escasa.

Por otra parte, hay que tener en cuenta que el tratamiento habitual para las epilepsias infantiles refractarias se compone de un cóctel de fármacos, algunos de los cuales son claramente neurotóxicos, y se asume que la toxicidad se ve compensada por el beneficio que reportan, el cual es muy limitado en la mayoría de los casos, y ello sin contar con los efectos secundarios que inducen.

Por el momento, el estudio más completo al respecto, publicado en fechas recientes, consiste en un seguimiento a largo plazo de la seguridad y la eficacia del CBD en más de 600 niños tratados en 25 hospitales norteamericanos. Un 24% tuvo que abandonar el tratamiento, bien por falta de eficacia (15%), bien por los efectos adversos manifestados (5%). En el caso de los niños que se mantuvieron en tratamiento —el 76% restante—, el CBD redujo el número de convulsiones medias mensuales en un 51% y las convulsiones totales a las 12 semanas de tratamiento en un 48%, cifras que se mantuvieron a lo largo de 96 semanas. A las 12 semanas, el porcentaje de pacientes con una reducción de las convulsiones igual o superior al 50 y al 75% fue del 52 y del 31% respectivamente, mientras que el porcentaje de pacientes con una reducción igual al 100% fue del 11%, en todos los casos con tasas similares una vez transcurridas las 96 semanas. El CBD fue generalmente bien tolerado, y los efectos adversos más comunes fueron diarrea (29%) y somnolencia (22%). El tratamiento con CBD se mostró eficaz y seguro durante las 96 semanas que duró la recogida de datos en el estudio.

Es dudoso que algún día se descubra que el CBD tiene efectos secundarios tan marcados como los de los fármacos antiepilépticos habitualmente utilizados, y es dudoso que algún día se descubra que su uso puede afectar al neurodesarrollo de la forma en que lo hacen dichos fármacos. Además, el empleo del CBD para estas epilepsias permite reducir y en muchos casos eliminar la administración de los demás fármacos. Por tanto, y teniendo en cuenta los daños letales que para el cerebro entraña cada nueva crisis, ¿debería dejar de usarse el CBD por sus posibles efectos en el neurodesarrollo que pueda inducir? Dejo al criterio del lector o lectora la respuesta a la pregunta.

Por último, la cosa se complica un poco más si en lugar de CBD hablamos de THC, o de la combinación de CBD con THC. Los médicos que trabajan con cannabis y cannabinoides saben que el CBD no es siempre del todo útil para estas epilepsias, así que a veces se combina con THC, que a dosis bajas también ofrece efectos anticonvulsivos.

Del THC sí sabemos que puede comprometer el normal neurodesarrollo de un niño, ya que se acopla a receptores CB1, responsables de modular el neurodesarrollo. Además, el THC produce efectos psicotrópicos o psicoactivos. Sin embargo, en primer lugar, los efectos evidenciados del THC sobre el neurodesarrollo proceden en su mayor parte de la investigación animal, que no siempre es de fácil extrapolación al ser humano. Y, en segundo lugar, el efecto que pueda tener el THC sobre el neurodesarrollo es despreciable comparado con las consecuencias devastadoras de cada crisis, e incluso con los efectos secundarios de las medicaciones habituales. En cualquier caso, como ocurre con todas las medicaciones, no siempre es una cuestión de sí o no o de todo o nada. Se trata, con la adecuada supervisión médica, de ir probando, ajustando dosis y descartando tratamientos en caso de que los efectos secundarios superen a los buscados.

En definitiva, la decisión de tomar cannabis y cannabinoides debe basarse en si el efecto que se busca compensa los efectos secundarios que puedan producir. Hay enfermedades para las que se sabe que el cannabis funciona relativamente bien pero para las que existen medicaciones más efectivas y de menos riesgos. Este es el caso, por ejemplo, del glaucoma. El primer paciente de cannabis medicinal al que se le permitió utilizarlo en California fue precisamente un paciente de glaucoma. Se sabe que el cannabis reduce la presión ocular, pero para ello debe ingerirse el producto (por vía oral, vaporizándolo, fumándolo o en forma de aceite). Ello implica introducirlo en el sistema, metabolizarlo y que atraviese toda una serie de barreras fisiológicas hasta llegar al órgano diana (los ojos). Actualmente existen colirios que, aplicados directamente en el ojo, son muy eficaces para reducir la presión ocular, y en buena parte de los casos la cirugía cura directamente la enfermedad. Es un ejemplo de cómo el balance riesgo/beneficio, en este caso, iría en contra del uso de cannabis, a no ser que el paciente, aparte de reducir el glaucoma, quiera tener la experiencia psicológica.

Estos procesos de toma de decisiones clínicas no son exclusivos de la medicina que utiliza cannabis y cannabinoides, sino que forman parte de la esencia misma de la medicina. Volviendo al caso del THC, ya hemos dicho que administrado en su forma purificada produce efectos psicotomiméticos, ansiogénicos y alteraciones en la memoria de trabajo. Sin embargo, la mayoría de los estudios clínicos que se han efectuado con cannabinoides han sido con THC sintético (nabilona o dronabinol), por lo cual muchos de los efectos secundarios descritos en la literatura científica referentes al cannabis en realidad pertenecen al THC sintético.

En este sentido, un estudio de revisión sistemática en el que se analizaron todos los estudios clínicos previos con cannabinoides evidenció que la tasa de efectos secundarios graves era idéntica en los pacientes que habían recibido cannabis y en los que habían recibido placebo, lo cual quiere decir que el cannabis no aumenta la probabilidad de sufrir efectos secundarios graves. Sin embargo, sí había mayores tasas de efectos secundarios no graves en los pacientes tratados con cannabis (1.86 veces más, concretamente), el más habitual de los cuales fue el mareo. En el siguiente capítulo profundizaremos en los efectos secundarios más habituales del tratamiento con cannabis.

EFECTO *ENTOURAGE*

Algunos investigadores piensan que la utilización de diferentes canna-binoides en combinación, tal como se presentan en la planta del canna-bis —que contiene, como ya se ha dicho, más de cien cannabinoides, así como terpenos—, aparte de facilitar la tolerabilidad, aumenta la eficacia del efecto terapéutico en algunas enfermedades concretas. A este fenó-meno se lo denomina *efecto entourage*, o *efecto séquito*.

A día de hoy, las evidencias sobre este efecto *entourage* son débi-les y las provenientes de la investigación en humanos son anecdóticas, aunque poco a poco se van acumulando. Por ejemplo, en un estudio realizado con ratas en el que se comparaba CBD purificado (sin ningún otro componente) con un extracto (que aparte de CBD contenía el resto de productos de la planta), se encontró que el extracto mostraba un efecto antiinflamatorio superior. En cuanto a los estudios en humanos, un reciente análisis de los resultados de numerosos estudios (metaaná-lisis) ha descubierto que, para el caso de las epilepsias infantiles, aunque no hay diferencias en cuanto a eficacia entre un producto enriquecido con CBD y un extracto purificado, el primero necesita de menos do-sis para ser eficaz y produce menos efectos secundarios. La diferencia entre un producto enriquecido con CBD es que contiene, en pequeñas cantidades, el resto de cannabinoides y terpenos presentes en la planta, mientras que en el producto purificado solo hay CBD.

En un modelo animal de cáncer de mama también manifestó una ma-yor actividad antitumoral al administrar un extracto rico en THC que contenía el resto de compuestos de la planta que al utilizar el THC puro. Con relación al efecto *entourage* en humanos, un estudio reciente ha encontrado patrones diferentes en el electroencefalograma cuando los voluntarios toman un cannabinoide puro (en este caso, THC) que cuando lo hacen en forma de aceite rico en terpenos. Así pues, el efec-to *entourage* no solo se produce, eventualmente, por la combinación de cannabinoides, sino también por la presencia de terpenos, los cua-les terminan modulando la acción de aquellos. De momento, lo que sí parece claro es que la presencia de terpenos favorece la tolerabilidad del THC, lo cual ya es en sí mismo una ventaja, con independencia de si aumenta su eficacia.

Con relación a los terpenos de la planta del cannabis (aunque no son exclusivos de ella), también se va conociendo cada vez más su importancia, no solo en la modulación de los efectos del cannabis, sino también por sus propiedades terapéuticas intrínsecas. En investigación preclínica, por ejemplo, el mirceno se ha comportado como analgésico y sedante, el limoneno como antidepresivo e inmunoestimulador, el pineno como inhibidor de la acetilcolinesterasa— por lo que atenúa el deterioro de la memoria a corto plazo producido por el THC y puede tener propiedades antidemencia— y el beta-cariofileno es un analgésico antiinflamatorio. No todos los terpenos mencionados se encuentran presentes en todas las variedades de cannabis: ya explicamos en el capítulo 2 que existen diferentes variedades de la planta, y las utilizadas en medicina son las sativas y las índicas. Por ejemplo, el mirceno se encuentra presente casi exclusivamente en las variedades índicas, de ahí probablemente el efecto sedante de estas variedades de cannabis con respecto a las variedades más sativas, aun teniendo ambos tipos de plantas las mismas concentraciones de THC.

¿DISMINUYE EL CBD EL EFECTO PSICOLÓGICO DEL THC?

Hemos comentado más arriba que el CBD modula el efecto del THC haciéndolo psicológicamente más tolerable, pero aún no está claro en qué consiste concretamente esta modulación. En medicina cannábica es de suma importancia conocer en qué consiste más específicamente esta modulación, no solo por los efectos médicos idiosincrásicos del CBD, sino por el valor añadido que supone mejorar la tolerabilidad psicológica del THC y con ello las adherencias a los tratamientos.

Con relación a los efectos psicológicos de la combinación de THC con CBD, hay algunos estudios interesantes con resultados aparentemente contradictorios pero que, como veremos a continuación, en realidad no lo son. En uno de los primeros estudios que se ocuparon de esta cuestión, se descubrió que la administración oral de CBD unos treinta minutos antes de la intravenosa de THC eliminaba los efectos psicopatológicos del THC (psicotomimesis y ansiedad) y no alteraba las funciones cognitivas.

No obstante, estudios posteriores no han encontrado resultados tan claros sobre la capacidad del CBD para inhibir los efectos psicoactivos del THC. Un estudio más reciente descubrió que, en efecto, el CBD, al administrarse vaporizado (un método de uso que libera cannabinoides de la planta sin requerir combustión y del que se hablará más en profundidad en el capítulo 6, en combinación con el THC), reducía las alteraciones inducidas por el THC puro a la hora de reconocer expresiones emocionales en la pantalla de un ordenador. Sin embargo, en la coadministración de THC con CBD, los sujetos afirmaban estar igual de «colocados» que si tomaban THC solo. Es decir, la administración combinada de THC y CBD no disminuía la sensación de «colocón», pero tampoco empeoraba el rendimiento cognitivo.

Otro estudio reciente también encontró que la administración de CBD antes de la inhalación de un cigarrillo que contenía exclusivamente THC no impedía la aparición de los efectos psicoactivos y cardiovasculares de este último.

Probablemente, lo que vienen a concluir estos estudios es que el CBD, más que eliminar los efectos psicológicos del THC, lo que hace es limitar sus connotaciones ansiogénicas y psicopatológicas, haciéndolos más tolerables. De hecho, en medicina cannábica es habitual comenzar los tratamientos administrando primero solamente CBD para, después de unos días, incorporar el THC y así mejorar la tolerabilidad del tratamiento. Alcanzar esta situación solo es posible en el contexto de una medicina personalizada.

La mayoría de productos que se utilizan en clínica (ver capítulo 6) no son formas puras, sino que suelen ser aceites o compuestos herbales que contienen otros cannabinoides, por lo que ya se parte de una base en la que se están controlando los efectos negativos del THC puro. Por último, obviamente, a muchos pacientes les complace el efecto psicológico del cannabis, por lo que las precauciones recién comentadas no son aplicables a ellos. Sea como fuere, tanto el CBD como el THC tienen sus respectivas acciones médicas, luego su combinación, aparte de revertir en una mejor tolerabilidad del tratamiento, lo hace en la mejoría de los síntomas.

Por último, un estudio publicado en los últimos tiempos ha descubierto que el CBD reduce las alteraciones cognitivas y neuropsicológicas en consumidores recreativos de cannabis con un patrón de consumo intenso durante años. Por tanto, más allá de sus propiedades médicas, es deseable que el CBD esté presente en todos los tratamientos en los que se utiliza el THC, a fin de prevenir los posibles efectos secundarios psicológicos derivados del mismo. Una encuesta recién publicada realizada sobre una muestra de 2409 usuarios de CBD reflejó que el 62% de los que habían respondido lo utilizaban para tratar alguna condición médica. Las condiciones más referidas fueron el dolor, la ansiedad, la depresión, los trastornos del sueño y las migrañas.

OTROS FITOCANNABINOIDES DE ACCIÓN TERAPÉUTICA

Por último, gracias a los estudios de cultivo de células y a los de modelos de enfermedad en animales, se van conociendo cada vez mejor las propiedades de otros fitocannabinoides. El futuro de la ciencia del cannabis y de los cannabinoides se irá haciendo cada vez más emocionante a medida que se vayan caracterizando sus propiedades terapéuticas. En la tabla que se presenta a continuación se muestran aquellos cannabinoides con propiedades terapéuticas conocidas.

Actualmente, el único fitocannabinoide que está siendo sometido a ensayos clínicos en humanos es el CBDV (cannabidivarina), para el tratamiento de la epilepsia en adultos y para el trastorno del espectro autista. Para el resto de acciones terapéuticas indicadas, las evidencias provienen de la investigación preclínica.

Cannabinoide	Mecanismo de acción	Acción terapéutica
CBDV (cannabidivarina)	Agonista CB2, antagonista CB1.	Antiepiléptico, trastorno del espectro autista, neuroprotector, regenerador óseo.
Delta-8-THC	Se obtiene por isomerización del THC. Su acción es similar a la del THC: agonista de los CB1 y CB2.	Antiemético
CBN (cannabinol)	Agonista parcial de los receptores CB1 y CB2.	Dolor neuropático, trastornos del sueño.
Delta-9-THCV (tetrahidrocannabivarina)	Antagoniza los efectos del THC, agonista CB1 a dosis altas.	Anorexígeno
CBG (cannabigerol)	Antagonista de receptores TRPM8 y agonista de receptores TRPV1 y TRPA1. Inhibidor de la recaptación de anandamida.	Anticancerígeno, antibacteriano.
CBC (cannabicromeno)	Agonista TRPA1 e inhibidor de la recaptación de anandamida.	Antiinflamatorio, antimicrobiano, analgésico.
CBDA (CBD ácido)	Inhibidor selectivo de COX-2, agonista de los TRPA1 y TRPV1, antagonista de los TRPM8	Anticancerígeno
THCA (THC ácido)	Inhibidor de la enzima metabólica MAGL aumentando niveles de 2-AG.	Antiepiléptico, neuroprotector.

Principales cannabinoides de acción terapéutica.

PRINCIPALES
APLICACIONES
MÉDICAS DEL CANNABIS

ALGUNAS INCERTIDUMBRES...

Como vimos en el capítulo 2, existen receptores cannabinoides en todos los órganos y tejidos del cuerpo humano. Por tanto, los endocannabinoides están presentes en absolutamente todas las funciones fisiológicas de nuestro organismo, de tal forma que cuando se produce un daño o alteración aquellos se movilizan para tratar de devolver al sistema su homeostasis o equilibro original.

Como ocurre con todo sistema fisiológico, cuando el daño no puede repararse endógenamente se utilizan agentes externos, esto es, fármacos, que actúan sobre ese sistema para ayudar a restablecerlo. En el caso de las alteraciones del sistema endocannabinoide, es cuando se precisan fármacos que actúen sobre dicho sistema cuando conviene utilizar cannabis y/o cannabinoides.

Ocurre que el conocimiento científico avanza lentamente y por acumulación de evidencias provenientes de estudios de diferente índole: estudios en células de cultivo, estudios en diferentes especies animales cuya fisiología se interpreta parecida en algunos aspectos a la humana y estudios en humanos con patologías concretas.

No obstante, la fisiología animal, a la que nosotros, obviamente, pertenecemos, es muy compleja, por lo que no es fácil determinar los procesos específicos que se producen en cada alteración fisiológica, o enfermedad.

Como ya se explicó en el capítulo 2, el descubrimiento del sistema endocannabinoide es muy reciente: data de los años noventa del siglo pasado. Si se tiene en cuenta que hay sistemas fisiológicos que fueron descubiertos mucho antes y que todavía no son conocidos tan satisfactoriamente como nos gustaría (de ahí que no todas las enfermedades sean tratables eficazmente), puede comprenderse que, en lo que al sistema endocannabinoide se refiere, este conocimiento sea aún más resbaladizo si cabe.

Por ello, el conocimiento de que el sistema endocannabinoide está implicado en cada proceso fisiológico no garantiza que sepamos la forma de emplearlo eficientemente. Las conclusiones científicas, como se acaba de decir, se van obteniendo lentamente y las evidencias que nos permitan considerar al cannabis y/o a los cannabinoides como fármacos ideales para tratar enfermedades concretas, por mucho que en ellas esté implicado el sistema endocannabinoide, aún no son ni mucho menos definitivas. Como se suele decir en todo ámbito científico, se necesita más investigación.

Por otra parte, un factor evidente que impide el desarrollo de este conocimiento es el estigma de considerar el cannabis una droga de abuso, lo cual, en términos prácticos y por razones de índole sociopolítica, hace que la investigación avance más lentamente de lo habitual. Los recursos destinados a investigar, en comparación con otros fármacos, no son tan generosos en el caso del cannabis, aunque también hay que decir que el panorama está cambiando y que hay esperanzas razonablemente fundadas de que, en un corto plazo, esta barrera a la investigación que alza el estigma asociado al cannabis, por ser este una droga ilícita, se vaya derribando, gracias a las políticas que defienden una consideración objetiva del fenómeno, basada en la evidencia científica y no en el prejuicio moral. Pero, con independencia de estas causas sociopolíticas, lo cierto es que la ciencia aún no ha conseguido conocer y comprender lo suficiente para actuar con eficacia sobre el sistema endocannabinoide en el caso de muchas enfermedades.

Tampoco se sabe con certeza si para tratar con éxito las enfermedades en las que está involucrado el sistema endocannabinoide— que, como ya se ha dicho, son todas— la actuación sobre el mismo por medio de cannabinoides, aunque probablemente necesaria, es suficiente, o también es precisa la utilización de otros fármacos.

Tampoco se conocen los receptores cannabinoides sobre los que debe actuarse en una gran parte de las enfermedades, ni si deben activarse o inhibirse, ni tampoco si lo más eficiente es utilizar un determinado cannabinoide, una combinación de varios o si en algunos casos lo ideal sería utilizar la planta entera (las flores). En caso de que fuera así, habría que determinar qué tipo de planta o variedad y con qué perfil de cannabinoides, para qué enfermedades concretas y, por rizar el rizo, con qué presencia y qué perfil específico de terpenos y/o de flavonoides y/o algunos otros de entre los más de cuatrocientos compuestos presentes en la planta.

...Y ALGUNAS CERTEZAS

Pero no todo es desconocimiento ni malas noticias. El cannabis tiene una historia de uso medicinal milenaria y, aunque la ciencia va comprobando su utilidad en muchas enfermedades, todavía no ha comprobado muchas de las aplicaciones para las que se ha utilizado a lo largo y ancho del planeta y a lo largo y ancho de las culturas. Sin embargo, eso no refuta su utilidad en muchas de las enfermedades para las que, como se ha dicho, tradicionalmente se ha utilizado.

Para terminar esta sección introductoria de este capítulo, diremos que tampoco los grados de evidencia sobre la eficacia del cannabis son los mismos para todas las enfermedades. Es decir, la investigación no está igualmente avanzada para cada una de las enfermedades estudiadas. Y, aun así, sí que se dispone de un grado de evidencia lo suficientemente aceptable como para considerar la utilidad del cannabis y/o los cannabinoides en el tratamiento de algunas enfermedades.

Para complicar aún más las cosas, tampoco conocemos de manera lo bastante satisfactoria qué es la salud y qué es la enfermedad. Hay enfermedades que, cuando ocurren, son obvias, como un proceso cancerígeno, una pancreatitis o una insuficiencia renal, y aunque sus manifestaciones son evidenciables mediante pruebas médicas, las acciones terapéuticas no siempre son eficaces (a veces nunca lo son).

Afortunadamente, cada vez más enfermedades son curables farmacológicamente, entre ellas incluso muchas de cuyas causas fisiopatogénicas —es decir, de los factores y mecanismos que originan la enfermedad—no se tiene un conocimiento cierto.

Hay enfermedades en las que los procesos mórbidos, aunque evidentes y reales, son imposibles de detectar mediante pruebas médicas. Y hay una enfermedad en concreto que cursa con casi todos los procesos mórbidos: el dolor. El dolor, sobre todo el de origen neuropático, que tradicionalmente se ha considerado un síntoma, es considerado cada vez más como una enfermedad en sí misma, como se explicará más adelante. Paradójicamente, el dolor, siendo la manifestación más evidente en casi todas las enfermedades, es, con toda probabilidad, el proceso menos conocido. Es posible que ello sea debido a su naturaleza enteramente subjetiva, que hace que sea imposible desarrollar técnicas médicas para valorar su presencia y su intensidad.

Existen procesos alterados, como por ejemplo la presencia de un virus, que no necesariamente implican que exista una enfermedad hasta que la carga vírica se ha hecho lo bastante evidente. En algunos casos, la evolución a enfermedad puede ser cuestión de horas; en otros, de años, y en otros más, nunca llegar a concretarse. Lo que sí es cierto es que, cuando la enfermedad se manifiesta, esta cursa casi siempre con dolor.

El dolor, por otra parte, no es por fuerza, en términos de supervivencia, una condición terminal. Muchas veces, una enfermedad se presenta sin que haya dolor, e incluso muchas otras el dolor no aparece hasta fases terminales de la enfermedad, y en casos raros no aparece nunca. Incluso en esos casos raros siempre hay un malestar que, si bien puede no entenderse concretamente como dolor, sí que es posible que sea alguna de sus manifestaciones inespecíficas.

Para ir concretando, digamos que la ciencia médica ha ido determinando y clasificando los diferentes tipos de dolor, aunque de forma más o menos aproximada. Veremos más adelante para qué tipos de dolor está más indicado el cannabis y para cuáles no.

El dolor: ¿enfermedad o síntoma?

Para terminar el análisis sobre el dolor, explicaremos por qué ha comenzado a considerarse el dolor crónico, sobre todo el de origen neuropático, que es para el que mejor funciona el tratamiento con cannabis, no tanto un síntoma como una enfermedad propiamente dicha.

Un síntoma es, por definición, la manifestación explícita e inmediata de una alteración fisiológica. En el caso del *dolor agudo*, este es la consecuencia inmediata de un daño. Sin embargo, la relación es menos causal cuando se trata del *dolor crónico*: en muchos de estos casos no existe un daño concreto que produzca el dolor. En su día este se produjo, sin duda, como puede ser el caso de la amputación traumática de un brazo. Pero, una vez cicatrizada la herida, puede seguir existiendo dolor a pesar de que la causa que lo provocó ya no está presente. Es el caso del dolor neuropático, debido a que las conexiones nerviosas de las diferentes estructuras del organismo han sido alteradas.

En el caso del brazo amputado, las terminaciones nerviosas que transmiten las sensaciones desde el miembro hasta el cerebro, que es el encargado de procesar y dar sentido a cada manifestación fisiológica de un daño, ya no llegan hasta allí, sino que se quedan en la terminación de la amputación. Las consecuencias de este fenómeno —aunque el nervio, desde su origen a su nueva terminación, esté intacto— son que el cerebro, sin estar ya conectado con la terminación del brazo ahora inexistente, lo sigue sintiendo, y de manera dolorosa. Es lo que se conoce como «miembro fantasma», algo que no existe pero que es tan perceptible, o más, que si se tuviera el miembro íntegro.

La ciencia del dolor es fascinante por la complejidad del fenómeno. El dolor se percibe en el cerebro y todas las enfermedades del cerebro son complejísimas, y por ello los fármacos de que disponemos para tratarlas son de limitada o de muy limitada eficacia. Las estrategias farmacológicas para tratar el dolor de origen neuropático, como enfermedad del cerebro que es, son limitadas, muy limitadas y, en muchos casos, nulas.

El dolor neuropático, aunque en general es de tipo crónico, no compromete de forma directa la supervivencia del paciente. El paciente con dolor crónico padecerá de dolor toda su vida, pero no morirá necesariamente a causa de ello. Y digo necesariamente porque la afirmación anterior debe matizarse: el dolor crónico de origen neuropático genera tal sufrimiento que hace que el organismo esté permanentemente en una situación de estrés. Como respuesta al estrés se liberan unas hormonas, llamadas corticoides, que en situaciones de estrés agudo ayudan a la persona a mantenerse en una situación de alerta y atención, pero que cuando la situación de estrés es crónica terminan dañando, por sobreexpresión, el organismo en su conjunto. Así pues, la esperanza de vida de las personas con dolor crónico de origen neuropático es menor, aunque no sea el dolor el que la disminuya directamente sino el hecho de tener que soportar de modo permanente una alta tensión psicológica.

Lo mismo podría decirse de otras enfermedades cerebromentales (el cerebro y la mente son lo mismo) como la depresión o el alzhéimer. Su padecimiento produce estrés, y el daño y el desgaste fisiológico y psicológico que origina el estrés son los mismos que en el caso del dolor crónico. La consecuencia más evidente del sufrimiento psicológico es una merma en la calidad de vida de los pacientes, aspecto que trataremos en profundidad en el capítulo 8.

Si el dolor crónico de origen neuropático es una enfermedad del cerebro, y el cerebro y la mente son la misma cosa, lo que ocurre en el cerebro va a ser sin duda percibido en forma de experiencia mental. Como cada cerebro es diferente, y hay más diferencias entre los cerebros que similitudes, por mucho que las neurociencias avancen gracias a la consideración de un cerebro modelo que se supone común a todos, la experiencia de una enfermedad mental es por fuerza diferente entre distintos individuos. Esto es así para la depresión, para el párkinson y para el dolor crónico: por mucho que los síntomas evidentes se parezcan, hay un abismo entre las respectivas experiencias mentales individuales. Esta es una de las razones de que las enfermedades del cerebro sean tan intratables, y el caso concreto del dolor crónico de origen neuropático no es diferente.

Existen distintos tipos de fármacos para el tratamiento del dolor crónico, sea este del origen que sea (neuropático, reumatoide, etcétera), aunque su eficacia es relativa. Un 17% de la población española sufre de dolor crónico; el tiempo medio de diagnóstico es de dos años, el 29% de los pacientes consideran que no reciben un tratamiento adecuado, un 21% son incapaces de trabajar por causa del dolor y un 85% de los médicos consideran que necesitan formación adicional sobre el manejo del dolor crónico. Al leer estas cifras se hace claro que el dolor crónico es un problema capital de salud pública y que por ello cualquier tratamiento del que puedan beneficiarse los pacientes debe ser bienvenido. Todos formaremos parte de estas cifras en algún momento de nuestras vidas.

¿CANNABIS PARA EL TRATAMIENTO DEL DOLOR CRÓNICO?

Aunque popularmente se piensa que el tratamiento del dolor es la razón principal para la que estaría indicado el cannabis, la evidencia científica no es tan concluyente al respecto. Y, sin embargo, la mayoría de pacientes que utilizan cannabis lo hacen precisamente para tratar su dolor crónico. ¿Están equivocados? ¿Es acaso la respuesta positiva un simple efecto placebo? Respondiendo a la segunda pregunta responderemos a la primera. El efecto placebo es como el miembro fantasma: su experimentación es real, con independencia de que lo esté motivando una causa directa.

El dolor es el principal mecanismo de supervivencia de los humanos, por lo que la evolución ha desarrollado sus procedimientos naturales para que, en ausencia de fármacos, el organismo segregue sus propias sustancias analgésicas para combatirlo. La magia de los analgésicos, cuando funcionan, y este suele ser el caso en todos los procesos de dolor agudo, sucede porque se acoplan en las mismas áreas cerebrales que los analgésicos endógenos, siendo capaces de bloquear completamente el dolor. Al ser el dolor una experiencia mental, cuando el sujeto ejerce incidencia sobre su mente puede activar los mecanismos endógenos implicados en la anulación del dolor. En este consiste es el efecto placebo: no se trata de una cápsula de azúcar, como se concibe vulgarmente, sino una experiencia mental con sus intenciones, sus símbolos y sus significados que modifican la experiencia del dolor. Por poner un ejemplo, se pueden hacer operaciones dentales sin necesidad de anestesia utilizando únicamente la hipnosis, que no es otra cosa que una técnica de modificación mental.

Otra, probablemente, de las razones por las que se estima que no hay evidencias suficientes para considerar al cannabis un buen analgésico es que la clasificación y diferenciación del dolor no están lo suficientemente bien desarrolladas. Es posible que, aun dentro del mismo tipo de dolor, por ejemplo el de origen neuropático, haya subtipos. O incluso puede que las diferentes clasificaciones del dolor estén mal definidas. El hecho de que no solo el cannabis, sino también el resto de psicofármacos utilizados para tratar el dolor, tengan una eficacia relativa puede deberse a lo inespecífico de las clasificaciones. O puede suceder también que el dolor, como enfermedad del cerebro que es, así como la respuesta al tratamiento, sean altamente idiosincrásicos.

Así que tenemos que la activación de experiencias mentales es capaz de aliviar en muchos casos la sensación del dolor y, en algunos de ellos, eliminarla. Pensemos, por ejemplo, que la fibromialgia, una enfermedad crónica de origen desconocido que cursa con un dolor sutil pero persistente que debilita el organismo, se suele tratar con antidepresivos. Y ello no porque se piense que la persona que la sufre está, en el mejor de los casos, deprimida, o, en el peor, loca, sino porque los antidepresivos son la única herramienta relativamente segura desde el punto de vista fisiológico de que dispone la ciencia médica para alterar el estado mental. También se utilizan benzodiacepinas para ayudar a estos pacientes a conciliar el sueño y descansar.

En definitiva: el tratamiento del dolor crónico se realiza siempre utilizando psicofármacos, esto es, drogas que actúan sobre el cerebro modificando el estado mental. Dicho de otro modo: si el dolor es una enfermedad del cerebro, la única forma posible de tratarlo es modificando la mente, y los fármacos de los que se dispone legalmente para alterar la mente son los que son. Aun así, la eficacia de los psicofármacos es altamente limitada en el tratamiento del dolor crónico, y sin embargo ningún médico se cuestiona su utilización.

La otra forma de alterar la mente es mediante técnicas corporales y psicológicas. Masajes o baños templados salados pueden ayudar a reducir la sensación del dolor. El dolor es siempre el mismo. La alteración cerebral nerviosa no cambia, pero sí lo hace la sensación de lo que ocurre. La información que le llega al cerebro al recibir un masaje o bañarse en agua tibia con sal es diferente a la normal, y esa anormalidad, cuando ocurre, se transforma mentalmente en placidez. Lo mismo sucede cuando se utilizan técnicas psicológicas, como la mencionada hipnosis, el tan popular *mindfulness* o cualquier otra técnica de inducción de estados mentales que consiga enviar al cerebro sensaciones plácidas, analgésicas. Por eso lo indicado para el tratamiento del dolor crónico es la combinación de psicofármacos con la práctica de alguna técnica psicológica.

Como cada cerebro es un mundo, no siempre es fácil dar ni con el psicofármaco adecuado, ni con la técnica psicológica apropiada, ni mucho menos con lo idóneo en cada caso. Afortunadamente las técnicas psicológicas suelen ser inocuas, a diferencia de los psicofármacos, cuyos riesgos no vamos a abordar aquí. Solo mencionaremos que su eficacia para el tratamiento del dolor crónico cuando menos no es mayor que la del cannabis, mientras que sus efectos adversos son notablemente mayores y más perjudiciales.

Llegados hasta aquí, ya es fácil entender por qué el cannabis resulta útil a tantas personas para sobrellevar su dolor crónico: lo es precisamente porque modifica su estado mental. Se sabe que los receptores CB1 están implicados en la respuesta analgésica, luego cualquier fármaco que actúe sobre ellos tendrá este efecto. Y sabemos también que la activación de dichos receptores produce, como consecuencia, el efecto psicológico del cannabis, o «colocón». Ya hemos visto en el capítulo 2 que el THC puro actúa de manera directa sobre los receptores CB1. Y ya conocemos el efecto *entourage*. En consecuencia, también es fácil comprender por qué tantas personas con dolor crónico utilizan cannabis y, si se les da la oportunidad de usar cannabis o THC, prefieren el primero.

Pero ¿por qué hay una contradicción entre la evidencia científica y la experiencia de los pacientes con relación a la utilización del cannabis en el tratamiento del dolor crónico? En el Anexo abordaremos más en profundidad algunas de las limitaciones que tiene la ciencia a la hora de extrapolar resultados provenientes de estudios científicos a la vida real. Cuando se analiza la evidencia, esta suele estar basada en ensayos clínicos, los cuales son difícilmente generalizables en la vida real por realizarse en condiciones muy controladas de laboratorio. De ahí que a medida que salimos del laboratorio a la vida real vayamos comprobando cómo también los resultados que se encuentran van variando.

De hecho, en medicina se considera que la evidencia proveniente de ensayos clínicos no se manifiesta necesariamente de forma unívoca en la práctica clínica. Esto quiere decir que una variación de puntuación en una escala de dolor, que es lo que se suele considerar en los ensayos clínicos, en la práctica clínica tiene una manifestación distinta en función del paciente, y lo que puede parecer una puntuación poco importante desde el punto de vista estadístico, para un paciente concreto puede resultar un alivio inmenso, y viceversa. Y esto es algo que se comprueba en la literatura del cannabis y el dolor cuando se comparan las revisiones sistemáticas y los metaanálisis con las revisiones clínicas.

Probablemente la medicina basada en la evidencia necesita, hoy más que nunca, establecer puentes con la vida real para llegar a un entendimiento más profundo de la eficacia de los tratamientos y, en definitiva, mejorar las decisiones médicas. Es lo que se conoce como «evidencia basada el mundo real» (*real world evidence*, en inglés).

Por último, es cierto que la evidencia de la eficacia del uso del cannabis para el tratamiento del dolor crónico no es concluyente. Parece más clara para el dolor neuropático y desde luego se encuentra más en los estudios observacionales que en los ensayos clínicos. Esto puede estar reflejando que, como ocurre con cualquier otra medicina, el cannabis no le funciona igual a todo el mundo, pero que hay un grupo importante de pacientes a los que les funciona muy bien. Por otra parte, de acuerdo con las cifras sobre el dolor en España presentadas más arriba, no parece que los tratamientos convencionales sean tampoco muy eficaces. La lectura que debe hacerse es que debería tomarse en consideración cualquier tratamiento que beneficie al paciente, sobre todo si, como ocurre en el caso del cannabis, un control médico apropiado puede asegurar un muy buen control de los efectos secundarios.

Para terminar con esta sección sobre el dolor, extensa por ser el dolor la indicación principal para la que se utiliza cannabis, es interesante resaltar cómo las sociedades médicas del dolor han comenzado a contemplar el cannabis como una línea más de tratamiento. Por poner algunos ejemplos, recientemente la Federación Europea del Dolor, tras evaluar la eficacia del cannabis en el tratamiento de esta afección, recomendaba su utilización en el tratamiento del dolor neuropático, mientras que en el resto de tipos de dolor consideraba hacer tratamientos individualizados (lo que se conoce en metodología como ensayos de caso único). Por su parte, algo similar recomendaba la Sociedad Canadiense de Médicos de Familia (en Canadá el cannabis medicinal es legal desde 2001) en una guía clínica sobre el uso de cannabis publicada en fechas recientes. Como último ejemplo, el Departamento de Salud de Queensland, Australia, también ha publicado en los últimos tiempos una guía clínica sobre el uso médico del cannabis reconociendo su utilidad en diferentes tipos de dolor crónico.

ENFERMEDADES PARA LAS QUE EL USO DEL CANNABIS SE HA MOSTRADO DE UTILIDAD

Aparte del dolor, el cannabis se ha revelado útil para otras muchas enfermedades. En la tabla que presentamos a continuación pueden encontrarse algunas de estas enfermedades junto con el nivel de evidencia que existe actualmente acerca de su eficacia. El lector interesado puede consultar también la página web de la International Association for Cannabinoid Medicines, donde se muestran las enfermedades para las que se dispone de algún tipo de evidencia sobre la utilidad del cannabis y los cannabinoides. Otra fuente disponible, aunque en inglés, es el *Informe* de la Academia de Ciencias de Estados Unidos, en el que, aparte de revisarse todas las evidencias disponibles sobre las propiedades médicas del cannabis, se realizan más de cien conclusiones con relación a las mismas y a su consecuente posibilidad de utilización médica.

No es el objetivo de este libro hacer un repaso de cada una de las enfermedades, ya que existen otras fuentes, como las recién mencionadas, en las que puede encontrarse una información detallada, así como en la sección de bibliografía correspondiente a este capítulo localizada al final de este libro. Como se verá en la siguiente tabla, el nivel de evidencia del que se dispone acerca de la eficacia del cannabis para cada una de las enfermedades concretas mencionadas es variable.

El nivel de evidencia se mide en función del número de estudios y de la calidad de los mismos para cada enfermedad concreta. Que la evidencia sea conclusiva implica que su uso médico está justificado. Que sea moderada y limitada no quiere decir que el cannabis no pueda ser de utilidad para el tratamiento de esa enfermedad, simplemente quiere decir que los estudios de los que se dispone hasta el momento, o no son muchos, o son de poca calidad. Es posible que a medida que se sigan realizando estudios se vaya confirmando (o descartando) si el cannabis o las medicinas basadas en cannabinoides están indicados para aquellas enfermedades para las que de momento se dispone de poco nivel de evidencia.

Nivel de evidencia	Condición médica
Conclusivo o evidencia sustancial de eficacia	• Tratamiento de dolor crónico en adultos • Síntomas de espasticidad de la esclerosis múltiple • Náuseas y vómitos inducidos por la quimioterapia • Tratamiento de las convulsiones intratables en síndrome de Dravet y síndrome de Lennox-Gastaut (CBD)
Evidencia moderada de eficacia	• Mejora de los trastornos del sueño asociados con dolor crónico, esclerosis múltiple, fibromialgia, síndrome de apnea obstructiva del sueño.
Evidencia limitada de eficacia	• Síntomas de la demencia • Síntomas de la enfermedad de párkinson • Síntomas positivos y negativos de la esquizofrenia (CBD) • Síntomas del trastorno de estrés postraumático • Apetito y disminución de la pérdida de peso asociada con VIH/sida • Discapacidad y mortalidad asociada a lesión cerebral traumática/hemorragia intracraneal • Síntomas de ansiedad en trastornos de ansiedad social (CBD) • Síntomas del síndrome de Tourette
Evidencia limitada de ineficacia	• Síntomas depresivos en dolor crónico o múltiple en pacientes con esclerosis
Insuficiente evidencia de eficacia o ineficacia	• Síndrome de abstinencia de adicciones • Síntomas del síndrome del intestino irritable • Cáncer, incluido el glioma • Anorexia asociada al cáncer, síndrome de caquexia y anorexia nerviosa • Síntomas de la esclerosis lateral amiotrófica • Corea y algunos síntomas neuropsiquiátricos asociados con la enfermedad de Huntington • Distonía

Niveles de evidencia de eficacia según condición médica (adaptado de MacCallum y Russo, 2018)

En los países que cuentan con programas de cannabis medicinal, o en los estados norteamericanos en los que el cannabis medicinal es legal, la prescripción de cannabis no suele hacerse, como ocurre con los medicamentos farmacéuticos, en función del conocimiento del nivel de evidencia que se posee, sino en función del juicio clínico. La medicina cannábica, de alguna forma, le está devolviendo al médico su autoridad a la hora de emitir juicios clínicos. La medicina moderna está cada vez más protocolizada, a tal punto que en muchas ocasiones los médicos son simplemente ejecutores de protocolos y procedimientos en los que no cabe su juicio clínico. La posibilidad de prescribir un producto, como es el cannabis, sin obligación de someterse a protocolos rígidos más allá de las guías clínicas que, como ya hemos mencionado, algunas sociedades médicas van publicando y que sirven de orientación y no de protocolización, está devolviéndole al médico la dignidad de su profesión, que es basar en su experiencia y juicio clínico las decisiones médicas con relación a sus pacientes.

En este sentido, se puede decir que la evidencia clínica fundada en el tratamiento personalizado de pacientes está muy por encima y mucho más desarrollada y avanzada que la evidencia proveniente de los estudios clínicos. A día de hoy, solo en Estados Unidos hay más de dos millones de pacientes inscritos en programas de cannabis medicinal, mientras que en Países Bajos hay unos 5000, en Israel unos 25000 y en Canadá unos 5000, solo por poner los ejemplos de aquellos países cuyos programas de cannabis medicinal cuentan con más años. La experiencia clínica que tienen los médicos que atienden a estos pacientes está mucho más avanzada, por tanto, que la proveniente de los estudios clínicos, que siempre es más lenta y menos extrapolable a la realidad clínica.

Por otra parte, no todos los fármacos que se utilizan en medicina cumplen con criterios de eficacia conclusiva. Por ejemplo, en el tratamiento del dolor crónico, pocos fármacos cumplen con este criterio, si es que lo cumple alguno. Al cannabis, por su condición de «droga», a veces se le requieren unos niveles de evidencia que pocas veces se exigen a otros fármacos. En medicina, muchas veces hay que conformarse con lo que se tiene mientras se encuentra lo óptimo.

En el Anexo se discutirán más en profundidad las implicaciones clínicas que tiene lo que se conoce como «medicina basada en la evidencia», y que ya hemos estado adelantando someramente en diferentes partes de este capítulo. Como se decía anteriormente, con el avance de la evidencia basada en el mundo real, donde se cruzan datos provenientes de estudios clínicos, de estudios observacionales y de la práctica clínica cotidiana, en un futuro no muy lejano se dispondrá de un conocimiento sin duda más profundo y más preciso acerca de las propiedades médicas del cannabis y de su aplicación clínica. De ahí la importancia de la monitorización cuando los países implementan este tipo de programas.

¿QUIÉN PRESCRIBE CANNABIS?

En España, a diferencia de otros países, como ya hemos explicado en el capítulo 1, no existe un programa de cannabis medicinal, a pesar de que hay varias empresas que tienen permisos de la Agencia Española del Medicamento para cultivarlo para su exportación y para desarrollar cannabinoides que puedan vender a la industria farmacéutica. Casos especiales son los de Sativex® para el tratamiento, como línea terapéutica secundaria, de la esclerosis múltiple, y de Epidiolex® para el tratamiento de algunas epilepsias infantiles, como ya se ha mencionado en capítulos previos. Por tanto, a quien quiera consumir cannabis, sea por razones médicas o simplemente por gusto, no le queda otra que estar expuesto a la persecución legal. Por su parte, el médico que se arriesgue a recomendar el uso del cannabis se expone a la retirada de su licencia y a vulnerar el código penal por delito contra la salud pública.

Aun así, existen asociaciones y clubes sociales de cannabis en todo el territorio español en los que, haciéndose socio o socia, se puede retirar periódicamente una cuota limitada de cannabis que resulta suficiente para colmar las necesidades médicas de cualquier paciente. Algunas, si bien es cierto que muy pocas, de estas asociaciones cuentan entre sus miembros con médicos que hacen una labor de asesoramiento y consejo clínico. Más que prescribir, se puede decir que estos médicos cumplen una función muy valiosa de reducción de riesgos, al aconsejar a los socios con necesidades terapéuticas la forma más apropiada de consumir, con el menor riesgo y el mayor beneficio posible.

Es cierto que la línea entre la prescripción y el ejercicio de la reducción de riesgos es muy difusa, tanto como lo es la diferencia entre la automedicación y el autocuidado. Pero de la automedicación y el autocuidado hablaremos más en detalle en el capítulo 8, dedicado al cannabis y la calidad de vida. Sobre la diferencia difusa entre la prescripción y el consejo médico, para estos profesionales el derecho al mejor ejercicio de su profesión para el mayor bienestar de sus pacientes está por encima de casuísticas legales. Ejercen de acuerdo a la evidencia científica: ese es su patrón de referencia, y no el Código Penal. En España existen algunos de estos médicos y desde aquí no puedo más que rendirles un sincero homenaje por la labor tan inestimable que vienen realizando.

También hay médicos que, en su práctica privada, asesoran formalmente a los pacientes que quieren tratarse con cannabis, sin necesidad de que estos pertenezcan a una asociación cannábica. Estos médicos no prescriben cannabis, solo asesoran y supervisan a los pacientes.

Por último, hay otro tipo de personal sanitario (personal de enfermería y auxiliares) que, con más o menos exposición personal, recomiendan en las consultas a determinados pacientes el consumo de cannabis. Este fenómeno es especialmente notorio en las consultas de oncología, si bien a medida que se han ido incorporando fármacos antináusea más eficaces esta práctica ha ido dejando de ser común en estas unidades oncológicas. Lo cual no impide que, en las salas de espera, los pacientes intercambien una información que, por desgracia, a causa del estigma y los prejuicios asociados al uso del cannabis, por muy medicinal que sea, no siempre comparten con los médicos.

Se puede decir, por tanto, que, en buena medida, la iniciación de los pacientes en el uso del cannabis medicinal no proviene de los médicos ni de otros profesionales sanitarios, sino de otros enfermos. Esto es lo que convierte el fenómeno en tan desconcertante para los profesionales de la medicina, de tal forma que muchos de ellos rechazan el cannabis simplemente por no haber sido ellos quienes han autorizado su uso. El tratamiento con cannabis es el único campo de la medicina en el que, en términos generales (siempre, de nuevo, hay excepciones), los pacientes tienen un mayor conocimiento que los médicos de lo que toman, cómo les sienta, cómo usarlo, cuándo y en qué cantidad. Debido a la prohibición del cannabis, junto a la necesidad de muchos pacientes de utilizarlo, o sencillamente porque sus beneficios son mayores que si no lo utilizan o son superiores a los beneficios que les aportan otros medicamentos —sumado al estigma que buena parte de la clase médica proyecta sobre el autoconsumo de cannabis—, los pacientes se las han arreglado para saber cómo utilizar el cannabis sin necesidad de supervisión médica.

Esto no quiere decir que se trate de una práctica óptima: solo pone en evidencia una realidad. Es de esperar que bien una próxima regulación integral del cannabis, bien la instauración de un programa de cannabis medicinal en España, cambie esta situación perversa y los pacientes puedan hablar con sus médicos sin miedo a ser juzgados, estigmatizados y, lo que es peor, sin recibir la mejor ayuda posible.

Por último, numerosos pacientes cultivan su propia medicina y muchos de ellos lo seguirán haciendo al margen de que el cannabis se legalice, ya sea con fines médicos o de uso adulto. Para estos pacientes, cultivar su propia medicina es algo que los dignifica en su condición de enfermos y, por tanto, no tienen intención de renunciar a ello. Probando, mejorando y perfeccionando sus técnicas, muchas de estas personas han conseguido lograr las medicinas que mejor les sientan para el tratamiento de sus síntomas o enfermedades, o para el de sus familiares. Es el caso de numerosos padres que cultivan cannabis para sus hijos con epilepsia o autismo, o el de numerosos hijos que lo cultivan para sus padres con demencias o con dolores y achaques propios de la edad.

¿ESTÁ INFRAUTILIZADO EL USO DEL CANNABIS?

Otro de los múltiples efectos secundarios de la prohibición del cannabis es que muchos pacientes que se podrían beneficiar de su uso médico no lo hacen. La mayoría por desconocimiento, otros por no querer exponerse a riesgos legales y otros tantos por miedo a consumir una *droga*, por mucho que estén polimedicados con otro tipo de fármacos y/o de psicofármacos, que son igualmente drogas.

No obstante, cada vez aparecen más estudios que muestran cómo un alto índice de pacientes sustituyen algunos fármacos de prescripción, principalmente analgésicos, ansiolíticos y antidepresivos, por el consumo de cannabis. Sobre todo, aquellos que sufren dolor crónico y también ansiedad, lo cual es lógico: toda enfermedad crónica, por su propia naturaleza de malestar persistente, cursa necesariamente con ansiedad. Así pues, muchos pacientes crónicos están tratados con ansiolíticos y, en muchos casos, con antidepresivos, para tratar de mejorar así su estado de ánimo y sobrellevar mejor la enfermedad.

En consecuencia, si la enfermedad cursa con dolor —lo que, como ya hemos visto, suele ser la norma—, y a causa de ello los pacientes están tratados con analgésicos y muchos, como hemos visto también, con antidepresivos por su efecto modificador de la conciencia, una sustancia como el cannabis, que modifica asimismo la conciencia sin producir los efectos secundarios propios de los psicofármacos de prescripción médica, parece una alternativa bastante apropiada para sustituir a estos últimos. Para muchos enfermos, el cannabis (y esto, como ya hemos apuntado, es idiosincrásico para cada paciente) combina el efecto ansiolítico, analgésico y antidepresivo y su uso les permite abandonar, o al menos reducir, el uso de psicofármacos. Un cambio de políticas que proporcionara accesibilidad al cannabis o dejara de poner a las personas en riesgo por cultivarlo no solo mejoraría el bienestar de los pacientes, así como su calidad de vida, sino que supondría además un ahorro en el gasto sanitario público de incalculable valor humano y económico.

Para terminar este apartado —algo de suma importancia que todo paciente debe tener en cuenta—, valga mencionar que el cannabis tampoco es una panacea. Como ya he dicho al principio de este capítulo, sus bases terapéuticas no se conocen en absoluto en profundidad. El cannabis, como también se ha dicho a menudo, no funciona para todas las condiciones patológicas y, para las que funciona, no funciona siempre. Como ocurre con todos los fármacos, algunos pacientes se beneficiarán de su uso, otros no y otros más lo harán de forma intermitente. Y los que se beneficien, sea de forma intermitente o no, lo harán en distinto grado.

De hecho, si volvemos al caso del dolor, la acción del cannabis quizás no sea precisamente la anulación de este, sino permitir a los pacientes que puedan vivir con él. Para un usuario recreativo, el efecto psicológico del cannabis puede ser un «colocón» o incluso un distanciamiento de la realidad para experimentar sensaciones diferentes y romper así con la monotonía. A la persona con dolor, el cannabis le permite simplemente sobrellevarlo con más dignidad y hacer más cosas en la vida. Si el dolor es una experiencia psicológica, modificar esa experiencia puede cambiar de forma radical su vivencia.

Sea como fuere, y por responder con datos a la pregunta de este epígrafe, si nos fijamos en la experiencia de los Países Bajos, primer país del mundo en el que se instauró un programa de cannabis medicinal que posibilitaba adquirir cannabis de calidad farmacéutica en las farmacias bajo prescripción médica, desde 2013, año en que se instauró dicho programa, el número de pacientes que se ha ido beneficiando del uso de cannabis ha ido en aumento. Sin embargo, desde 2003 la dosis media de cannabis consumida por paciente se ha mantenido estable (menos de 1 gramo diario). Por tanto, parece que a medida que los programas de cannabis medicinal se van consolidando, el número de pacientes que se inscriben en ellos aumenta, pero no lo hacen las cantidades que consumen individualmente. Luego, independientemente de si está infrautilizado su uso médico o no, algo que es difícil de conocer, lo cierto es que en un contexto normalizado el uso que se hace del cannabis es racional, tal como debería ser el uso de cualquier medicamento.

Siguiendo con esta misma línea argumental, una encuesta sobre la salud de la mujer en España realizada en los últimos tiempos ha descubierto que una de cada cuatro mujeres españolas consume analgésicos o ansiolíticos a diario. En principio, no parece tratarse de un uso racional de este tipo de medicamentos, a no ser que asumamos que una de cada cuatro mujeres españolas tiene una enfermedad crónica, algo que no parece ser el caso, ya que el 70.4% de ellas valoran su salud positivamente (buena o muy buena). Una lectura sociológica más en profundidad quizás nos diga que las mujeres españolas soportan una mayor carga de trabajo, tanto extra como intrafamiliar, y que las consecuencias de esos excesos deben contrarrestarse de alguna manera utilizando este tipo de medicamentos.

Como veremos en el capítulo 8, contexto social y medicina están estrechamente unidos. Por tanto, un uso irracional de drogas, fármacos o medicamentos no es necesariamente una consecuencia de sus efectos sobre el cerebro, sino que juegan un papel muy importante los contextos sociales en los que se realizan dichos usos.

¿DÓNDE SE PUEDEN ADQUIRIR ESTOS PRODUCTOS?

La prohibición del cannabis no ha evitado que haya un floreciente comercio relacionado con su producción y venta. Aunque el cannabis que contiene THC, ya sea en forma herbal o de aceite, no es fácil de encontrar, numerosas asociaciones cannábicas disponen de él e incluso hay empresas que, sin hacer mucho ruido, lo comercializan de forma muy discreta.

Sin embargo, lo más destacado es la venta de aceites más o menos ricos en CBD. Hay más de 150 empresas en la Unión Europea que lo comercializan. Por ejemplo, en Chequia está catalogado como un suplemento alimenticio y cualquier empresa de cualquier país de la UE lo puede importar de acuerdo con el Tratado de Libre Comercio de la Unión Europea, convirtiendo su venta, de facto, en legal.

Por otra parte, la compra de estos productos es de facilísimo acceso a través de Internet. También hay algunas tiendas muy especializadas y clínicas de asesoramiento al paciente de cannabis medicinal que los venden, aunque raramente contienen THC. Uno de los problemas de los aceites de cannabis que venden estas empresas y tiendas es que los precios son altísimos. Ya vimos en el capítulo anterior la baja biodisponibilidad que tiene el CBD, lo que implica que se necesitan dosis muy altas para realizar un tratamiento con este cannabinoide a un coste de entre 150 y 500 euros al mes— según la patología— y un coste muy superior para patologías que necesitan ser tratadas con dosis altas.

Otro problema, esta vez de gravedad preocupante, que presenta la compra de aceite de CBD, contenga o no THC, es que no siempre lo que contiene se corresponde con lo etiquetado. Esto ocurre incluso en algunos estados norteamericanos en los que está legalizado el cannabis medicinal, debido a una falta de control de calidad de los productos por parte de la Administración, algo que no ocurre, por ejemplo, en la regulación holandesa o uruguaya. Lo que es aún peor, la planta del cannabis es un excelente limpiador del suelo que absorbe contaminantes varios, así como metales pesados. De hecho, se detectan con relativa frecuencia metales pesados en algunas muestras analizadas. Así pues, la compra de aceite de cannabis no está exenta de serios riesgos tóxicos. El potencial usuario debería informarse bien antes de aventurarse a comprar aceite de cannabis a la primera empresa que encuentre o a la de menor precio.

Lo mismo ocurre en el caso de algunas asociaciones o clubes sociales de cannabis: dependiendo de lo que se preocupe la junta directiva y el personal empleado en el mantenimiento de la calidad del cannabis que provee a sus socios, este puede contener más o menos pesticidas, hongos y bacterias y otros productos tóxicos. De este fenómeno no está exenta la persona que lo cultiva: en función del ecosistema en el que haga crecer sus plantas, puede estar exponiéndolas a contaminantes. Otro efecto perverso de la prohibición: el cultivo de cannabis que pueda verse desde un lugar público está sancionado con multas que van desde los 600 hasta los 30 000 euros. Así pues, los usuarios no siempre cultivan donde les gustaría, sino donde no puedan detectarles los cultivos.

Efectos secundarios del cannabis

No existen medicinas sin efectos secundarios, y el cannabis no es una excepción. Sin embargo, a diferencia de la mayoría de medicamentos utilizados en la práctica médica, el perfil de seguridad del cannabis es extraordinariamente alto. Por ejemplo, no se conocen muertes por sobredosis de cannabis. Ello es debido a que en los centros cerebrales que regulan las funciones vitales básicas, como la respiración y las funciones cardiacas (el tronco cerebral), no se encuentran receptores CB1.

Los efectos secundarios del cannabis se deben al THC y son dosis-dependientes, esto es, proporcionales a la dosis. Por eso, la estrategia médica en cualquier tratamiento con cannabinoides debe ser la de empezar con dosis muy bajas e irlas aumentando muy poco a poco hasta encontrar el efecto médico deseado. Aunque el THC induce tolerancia a los efectos psicológicos, por lo cual deben aumentarse las dosis con el tiempo para poder seguir percibiéndolos, esto no ocurre con respecto a los efectos terapéuticos, de tal forma que los pacientes pueden estar durante años tomando las mismas dosis sin necesidad de aumentarlas. En los casos en que hay un control médico, tampoco se han evidenciado a lo largo del tiempo problemas cognitivos, psicopatológicos o de alteraciones analíticas, por ejemplo en la creatina o las funciones hepáticas.

Los efectos secundarios físicos más habituales son cansancio, mareos, taquicardia, hipotensión ortostática, sequedad de boca, disminución del lagrimeo, relajación muscular y aumento del apetito. Se trata de efectos secundarios leves. Un estudio de revisión descubrió que el cannabis aumentaba la probabilidad de producir más efectos secundarios leves, pero menos efectos secundarios graves.

El síndrome de retirada solo ocurre tras el cese abrupto en «grandes consumidores» y es parecido en intensidad y características al que aparece tras el cese repentino de dejar de fumar tabaco: irritabilidad, insomnio, mayor transpiración y pérdida de apetito. No se ha reportado síndrome de retirada ni evidencias de abuso en los ensayos clínicos ni en contextos médicos.

Por último, el cannabis estaría contraindicado en pacientes con sensibilidad anormal a los componentes individuales de cada preparado y con trastornos de la personalidad severos y psicosis. También se deberían tomar precauciones estrictas en mujeres embarazadas o lactantes, en niños y adolescentes y en ancianos con vulnerabilidad cardiovascular.

Aunque el cannabis se metaboliza por el hígado, no parece que su uso sea perjudicial para este órgano en pacientes con hepatitis C ni con VIH. Sin embargo, estos pacientes deberían consultar a su médico y llevar un control más estricto para evitar eventuales empeoramientos.

Por último, muchos pacientes no toman solo cannabis, sino que lo combinan con otros fármacos. O, como veremos en el capítulo 8, lo toman para mejorar su calidad de vida y su bienestar y no necesariamente para tratar los síntomas de su enfermedad. Al combinar diferentes fármacos, los riesgos de aumento de interacciones farmacológicas aumentan. No hay evidencias de interacciones medicamentosas con cannabis, aunque lo cierto es que existen muy pocos estudios al respecto. Por ello, en el caso de que se inicie un programa de cannabis medicinal algún día en España, será importante contar con sistemas de farmacovigilancia.

Los cannabinoides se metabolizan por las mismas vías metabólicas que muchos fármacos de prescripción, lo cual aumenta el riesgo teórico de interacciones negativas. Sin embargo, hasta ahora solo se ha documentado una interacción entre CBD y clobazam, una benzodiacepina con efectos sedantes y anticonvulsivos, en los estudios realizados con Epidiolex® para el tratamiento de las epilepsias infantiles refractarias. El CBD bloqueó el metabolismo del clobazam aumentando sus concentraciones y causando más efectos secundarios de tipo sedante, que desaparecieron con la reducción de la dosis de este último.

Efecto secundario	Más común	Común	Raro
Somnolencia / fatiga	✓		
Mareos	✓		
Boca seca	✓		
Tos, flema, bronquitis (solo fumando)	✓		
Ansiedad	✓		
Náuseas	✓		
Efectos cognitivos	✓		
Euforia		✓	
Visión borrosa		✓	
Dolor de cabeza		✓	
Hipotensión ortostática			✓
Psicosis tóxica / Paranoia			✓
Depresión			✓
Ataxia / descoordinación			✓
Taquicardia			✓
Hiperémesis de cannabis			✓
Diarrea			✓

Efectos adversos del cannabis (Fuente: MacCallum y Russo, 2018).

MÉTODOS DE USO APROPIADOS

CONSIDERACIONES LEGALES PRELIMINARES

Existen diversas maneras de utilizar cannabis, cada una con sus peculiaridades en cuanto a la forma y la cualidad con la que se percibirán los efectos. Por ejemplo, Sativex®, que es el fármaco basado en cannabis con una concentración de THC-CBD de 1:1, se aplica en forma de espray debajo de la lengua. Esta vía de administración es muy rápida y, por tanto, se obtienen beneficios de manera inmediata.

Desafortunadamente, Sativex® solo está disponible en España para enfermos con esclerosis múltiple que no hayan respondido a otros tratamientos estándar y para algunos tipos de dolor crónico, y solo se puede acceder al mismo por medio de la vía del uso compasivo. El otro fármaco basado en cannabis que está recién comercializado es Epidiolex®, un aceite rico en CBD. Epidiolex® está indicado para algunos tipos de epilepsia infantil (véase el capítulo 3) y la vía de administración es oral.

Como es muy improbable que usted vaya a ser tratado con Sativex® y/o con Epidiolex®, y en caso de que así fuera sería por prescripción médica y, por tanto, recibiría consejo de su médico respecto a cómo utilizarlo y no necesitaría mis consejos, en lo que resta de capítulo me referiré a las formas de consumir cannabis autocultivado o adquirido en el mercado ilícito o en los circuitos de los clubes sociales de cannabis.

Existen, pues, al menos cuatro vías de obtención del cannabis:

1. Comprarlo en el mercado ilegal.
2. Adquirirlo en las asociaciones y clubes sociales de cannabis (CSC).
3. Comprarlo a través de Internet.
4. Autocultivarlo.

Cada una de estas formas de obtención conlleva sus propios riesgos legales. El usuario de cannabis debe saber que la tenencia y/o el consumo de cannabis en lugares públicos puede acarrear sanciones administrativas que oscilan entre los 600 y los 30 000 euros, en función de las cantidades detectadas, permitiendo la Administración una reducción del 50% de la multa si esta es abonada en los quince días siguientes a la sanción.

Cada día se imponen en España entre 300 y 400 multas por tenencia o consumo de cannabis en la vía pública, lo que conlleva una recaudación anual para el Estado de más de 90 millones de euros. Ello significa que el usuario que acuda a algún punto del mercado ilegal a conseguir cannabis puede ser interceptado por la policía en su regreso a casa y multado. Lo mismo ocurre si se acude a un CSC, a no ser que el consumo se realice exclusivamente dentro del local y vuelva a casa sin cantidad alguna de cannabis.

El autocultivo está permitido siempre que el fin sea el consumo propio, aunque la Administración nunca ha determinado el límite de plantas consideradas para consumo propio y cuál sería la cantidad destinada al tráfico comercial. En caso de que los cultivos sean detectados, entrarán en juego diversas consideraciones de tipo policial, en primer lugar, y, en la peor de las tesituras, de tipo judicial si la policía inicia un procedimiento por supuesto tráfico.

Las multas por cultivo de cannabis son de la misma cuantía que las de tenencia en la vía pública. La legislación española solo sanciona el cultivo de cannabis que se encuentre en lugares visibles al público, lo cual empuja al autocultivador a hacerlo en interior, para lo cual necesitará un equipo de armarios y luces. Aun así, no siempre es fácil ocultar los olores que se desprenden del cultivo de interior, por lo que nunca deja de existir la posibilidad de que sea denunciado por algún vecino.

Si esto es así y hay un registro policial, de nuevo será la policía quien determinará si el cultivo es para consumo propio, con lo que eventualmente no pasaría nada, o si está destinado al tráfico comercial, en cuyo caso se iniciaría un proceso judicial. Pero, al menos sobre el papel, un cultivo que no esté a la vista pública no debería en ningún caso acarrear sanción administrativa si se demuestra que es para consumo propio. En el caso de cultivos en exterior, si estos son detectados por la policía, la multa está asegurada y la marihuana incautada, y solo se iniciará un proceso judicial si la policía considera que la cantidad es susceptible de estar destinada al tráfico comercial.

Una forma de aprovisionamiento de menor riesgo, aunque no exenta del todo de peligro, sería la adquisición a través de Internet. El buzón se considera un lugar privado y, por tanto, una vez llegada la marihuana al buzón, la persona estaría segura. El problema real, aunque poco probable si se trata de pequeñas cantidades, sería que los funcionarios de aduanas (en el caso de que se comprara al extranjero), o de Correos, pudieran sospechar que el paquete contiene una sustancia estupefaciente. En ese caso, los funcionarios darían cuenta a la policía, lo cual podría propiciar una «entrega controlada» en la que un agente, vestido de funcionario de Correos, se personaría en casa del comprador para detenerle en el momento de la entrega. Si se trata de pequeñas cantidades y la entrega se produce en el ámbito privado, no debería pasar nada, ya que la tenencia de hasta 100 gramos para el caso de la marihuana y de 25 para el hachís se reconoce como destinada al consumo propio y no conlleva delito ni falta administrativa, siempre que se esté en un lugar privado. Esa misma cantidad detectada en un lugar público sería susceptible de ser multada y una cantidad superior se consideraría tráfico comercial susceptible de constituir un delito penal.

Por último, la forma más segura y de riesgo prácticamente nulo es comprar el cannabis a alguien que lo lleve al domicilio particular. Ahí solo corre riesgo el vendedor. Pero no siempre es fácil conseguir proveedores a domicilio, aunque obviamente los hay.

CONSIDERACIONES SOBRE LA CALIDAD

Lo ideal, antes de aventurarse a adquirir cannabis por cualquiera de las vías expuestas, sería conocer su contenido, es decir, saber cuál es su perfil de cannabinoides y de terpenos y asegurarse de que está libre de contaminantes y de metales pesados.

Algunos CSC analizan todo el cannabis que dispensan en sus instalaciones, pero son minoría y no siempre los análisis son regulares. También existen las ONG, como Energy Control (EC), donde se puede llevar a analizar el cannabis o enviar muestras por correo.

También existen *kits* de análisis comercializados que el usuario puede comprar para analizar su propio cannabis, pero tanto los servicios de EC como los *kits* de análisis ofrecen solo resultados sobre la presencia de THC y CBD, y el margen de error es relativamente alto, con lo que a veces no compensa la inversión para el resultado que se obtiene.

Como ya se ha expuesto, el cannabis es una sustancia muy poco tóxica. Aunque sea poco ortodoxo decirlo, desde un punto de vista práctico un usuario conoce mejor la potencia y cualidad de una muestra probándola que analizando su contenido en cannabinoides. Otra cosa es el tema de los contaminantes y los metales pesados. Hasta donde sabemos, solo la Fundación CANNA hace este tipo de análisis, pero no para particulares, sino para CSC. Por tanto, antes de hacerte socio de uno de estos CSC pregunta si analizan los productos.

Normalmente, el consumidor de cannabis termina seleccionando las variedades que utiliza mediante el método de ensayo y error, es decir, probando las diferentes variedades en los diferentes lugares de acceso ya mencionados.

Hoy en día el mundo de la agricultura cannábica ha experimentado un gran avance, y se conoce el nivel de THC, CBD y otros cannabinoides que contiene cada semilla. El problema es que dichos porcentajes pueden verse modificados durante las distintas fases del cultivo, recolección y secado, por lo que una semilla etiquetada con una cantidad concreta de cannabinoides no implicará de forma obligatoria que el producto adquirido derivado de esa variedad contenga exactamente dicha cantidad.

Se dice que las variedades sativas, aun con la misma concentración o ratio de THC/CBD, son más activadoras y las índicas más sedantes, debido a que estas últimas contienen un perfil de terpenos diferente en el que estos desarrollan una actividad ansiolítica (como, por ejemplo, el mirceno), y a partir de este dato ya se puede obtener una aproximación, aunque burda, al posible efecto.

En cuanto al alivio de los síntomas, en un estudio realizado en los Países Bajos, donde, como ya se ha precisado, se instauró el primer programa nacional de cannabis medicinal del mundo, los pacientes no tenían preferencias por un tipo de cannabis u otro, ni tampoco sus preferencias variaban en función de las enfermedades o síntomas, lo cual parece indicar que sigue habiendo mucha variabilidad en cuanto al efecto del cannabis y que, al final, cada paciente utiliza la variedad o variedades que mejor le sientan.

De hecho, el usuario de cannabis no suele ser fiel a una única variedad, sino que le gusta disponer de varias y utilizar una u otra en función del momento o de preferencias concretas. El hecho de cambiar de variedades también permite frenar la tolerancia. La tolerancia implica tener que consumir progresivamente cada vez más cannabis para obtener el mismo efecto, aunque esto solo se produce en usuarios de grandes cantidades y es raro en el caso de los pacientes medicinales.

En los Países Bajos, por ejemplo, la media de consumo diario de cannabis medicinal se ha mantenido estable en unos 0.5 gramos/día durante los más de diez años que lleva el programa en marcha. Esto quiere decir que los pacientes no han necesitado aumentar las dosis con los años. De hecho, las dosis de cannabis más apropiadas para la mayoría de enfermedades son las bajas y se sabe que, aunque se desarrolla tolerancia a los efectos subjetivos del cannabis (al «colocón»), esto no ocurre con respecto a su efecto médico. Es decir, que aunque sea necesario ir aumentando las dosis con el tiempo para percibir el efecto psicológico— en el caso de un consumidor habitual—, esto no ocurre en lo que se refiere al efecto médico, manteniéndose las dosis igualmente efectivas a lo largo del tiempo, al menos mientras la enfermedad no avance.

PREPARADOS CANNÁBICOS Y VÍAS DE ADMINISTRACIÓN

Una vez que la persona se ha informado de las diferentes variedades de cannabis que existen, de sus posibles efectos (más «narcóticos», más «cerebrales», más intensos, más locuaces, etcétera), ha hablado con expertos en reducción de riesgos, con médicos, con amigos, ha consultado libros y revistas, ha buscado en Internet, ha hablado con otros u otras pacientes, e incluso ha leído este libro, y, como consecuencia de una reflexión ponderada (o no), ha decidido dar el paso de adquirir cannabis, lo siguiente que debe conocer son las diferentes formas de consumirlo y cómo hacerlo, pues los efectos del cannabis dependen en buena medida de las vías y formas de uso.

Las principales vías de administración del cannabis y los cannabinoides son la vía inhalada, la oral, la sublingual y la rectal, en forma de supositorio. La vía tópica, untándola en forma de crema o pomada en la piel, también está muy generalizada. Hay otras vías, como la intravenosa, que se utilizan solamente en el ámbito de la investigación.

Actualmente se está estudiando la administración en forma de parches, que no abordaremos aquí por no estar disponibles aún para el público y por no ser posible su preparación de manera casera. Incluso ya hay en estudio nebulizadores para inhalar el cannabis dispensado en nanopartículas, lo que constituiría la última generación de fármacos basados en cannabinoides.

Vía inhalada

La vía inhalada, fumando o vaporizando cannabis, es la vía de acción más inmediata y extendida entre los consumidores. Puede inhalarse en forma de cigarrillo o bien utilizando unos dispositivos llamados vaporizadores.

Al fumar cannabis (o tabaco, o cualquier otro compuesto herbal) se produce combustión, y en el proceso de combustión se liberan partículas tóxicas que son cancerígenas. Por ello, aunque fumar es la forma más habitual de consumir cannabis, es la forma también más desaconsejada por todos los problemas cardiorrespiratorios que puede ocasionar a largo plazo, como bronquitis crónicas, enfisemas y cáncer de laringe o de pulmón, este último asociado con una baja esperanza de vida una vez que se detecta, aparte de la toxicidad de la inhalación de humo para el sistema cardiovascular.

Por el contrario, los vaporizadores calientan el cannabis a la temperatura suficiente para que se liberen los cannabinoides pero sin llegar a producir combustión, por lo que su uso no supone ningún riesgo cardiorrespiratorio. Hay muchos vaporizadores en el mercado, pero solo dos tienen certificado de dispositivo médico, de las marcas Volcano y Minivap.

Las opciones de elección de vaporizadores son hoy día inmensas. El principal problema que tienen los vaporizadores comercializados es que no todos cumplen las condiciones de calidad idóneas. Un vaporizador debe estar bien calibrado para que la temperatura que indica el sensor sea en realidad la temperatura que se está aplicando. Si el vaporizador no está bien calibrado se corre entonces el riesgo de estar aplicando una temperatura mayor de la que en realidad indica el sensor, y por tanto de estar produciendo combustión, o a una menor, no alcanzándose entonces la temperatura necesaria para la liberación de los cannabinoides.

A la hora de elegir un vaporizador se debe tener en cuenta, aparte de su calidad contrastada, el empleo que se va a hacer de él: si es para uso doméstico, o bien para llevarlo por la calle, de viaje, etcétera. Los vaporizadores de mesa son grandes y no permiten trasportarlos, pero hay vaporizadores que caben en un bolsillo y que son muy útiles cuando se sale a la calle. Elegir un vaporizador de acuerdo con las necesidades de cada uno no es fácil. Lo mejor es preguntar en un *grow-shop* (tiendas en las que venden productos para cultivar cannabis y parafernalia asociada) próximo en el que haya diferentes opciones. Mi recomendación es un *grow-shop* vía web: https://www.alchimiaweb.com, donde tienen un estupendo equipo de asesores con los que puedes comunicarte por correo electrónico y/o por teléfono. Cada cannabinoide vaporiza a una temperatura determinada, por lo que se debe ser cuidadoso a la hora de elegir la temperatura de vaporización para obtener el mayor rendimiento y eficiencia.

Una tercera vía para inhalar cannabis que se ha ido poniendo de moda es el *vapeo*, es decir, utilizar cigarrillos electrónicos en cuya carga hay cannabinoides y terpenos. Las cargas de cannabis para cigarrillo electrónico se pueden comprar por Internet a algunos estados norteamericanos cuya venta es legal. Los CSC también ofrecen cada vez más a sus socios cargas para cigarrillo electrónico que contienen diferentes perfiles de cannabinoides.

Lo habitual es que la carga contenga cannabinoides que previamente se han extraído de las plantas. Hay muchos tipos de extracciones, y no en todas están limpios los productos finales. La extracción más limpia y en la que no se arrastran productos indeseables es la que se conoce como «supercrítica». También es el tipo de extracción más cara.

Una vez extraídos los cannabinoides, se mezclan, en las concentraciones deseadas, con terpenos en una solución de propilenglicol y/o glicerina vegetal, para mantenerlos disueltos y estables. Aunque no está del todo claro que el propilenglicol y la glicerina sean del todo inocuos, lo que sí es obvio es que están lejísimos de producir los efectos tóxicos asociados a la combustión.

Así pues, aunque la utilización del cigarrillo electrónico no es la vía óptima (lo sería el vaporizador), sí se acerca bastante al ideal, ya que aquel tampoco produce combustión, sino que vaporiza. La diferencia entre vaporizar con vaporizador y hacerlo con cigarrillo electrónico (o *vapear*) es que en el vaporizador se inhala el material vegetal tal cual, sin disolventes, y la temperatura de vaporización es controlable, algo que no ocurre con el cigarrillo electrónico. Aun así, como ya se ha mencionado, el grado de toxicidad de los disolventes de los cigarrillos electrónicos está aún por determinarse.

La ventaja del cigarrillo electrónico es obvia: no requiere ninguna preparación para ingerirlo ya que viene todo preparado de origen, y además es pequeño y muy fácilmente transportable, lo cual lo convierte en ideal para viajar y hace muy difícil que lo detecte la policía. En términos de salud, las cargas de cannabis para cigarrillos electrónicos basadas en una extracción supercrítica son las que aseguran que el producto esté libre de residuos tóxicos derivados del proceso de extracción, aunque no garantizan que el material de partida no haya estado expuesto a pesticidas o a metales pesados. El uso de cannabis mediante vapeo reduce además el riesgo de dependencia al tabaco.

Últimamente han aparecido algunas empresas que comercializan un aparato de nebulización para inhalar CBD. El método es el mismo que en el caso de los aerosoles: se utiliza una mascarilla desde la que se emite CBD pulverizado. Por el momento solo se puede encontrar en algunos estados norteamericanos o por Internet, y solo con formulaciones realizadas a base de CBD. El siguiente paso en el que se está trabajando en esta línea de dispensación de cannabinoides es la

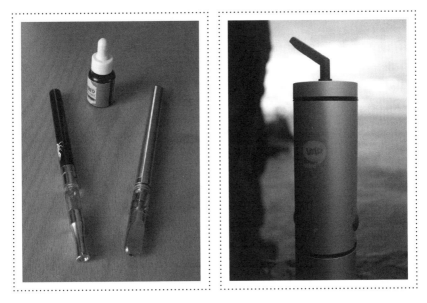

Cigarrillos electrónicos con cannabis
(Fuente: José Carlos Bouso).

Vaporizador (Fuente: Cortesía de
Minivap).

elaboración de productos basados en nanopartículas. Esto eliminará
muchos de los problemas asociados a la farmacología del cannabis y
de algunos cannabinoides, como su baja biodisponibilidad o sus efectos erráticos.

Por último, desde un punto de vista médico, la acción de la vía
inhalada, como ya se ha comentado antes, es casi inmediata, aunque
corta en el tiempo (de 1 a 2 horas). Por tanto, es una estrategia de
acción inmediata y para uso agudo. Para un enfermo crónico, pues,
mantener niveles de cannabinoides estables en el organismo utilizando la vía inhalada implica realizar inhalaciones cada poco tiempo. Por
eso, cada vez se están popularizando más los aceites, que pueden ser
adquiridos en Internet, en determinadas tiendas especializadas (si no
contienen THC) y en los CSC, pero que también se pueden hacer «en
casa» por medio de distintos métodos de extracción, algunos más tóxicos y con más riesgos que otros. De los aceites nos ocuparemos un
poco más adelante.

Vía oral

Otra forma habitual de utilizar el cannabis es por vía oral, en forma de alimentos y comidas e incluso, en países donde está regulado el cannabis, en forma de chucherías, como gominolas o caramelos.

También se pueden hacer macerados en alcohol, generalmente en licores de alta graduación, como el ron o el whisky. Lo habitual es poner cannabis en un recipiente y llenarlo con un licor, dejarlo reposar un mes volteándolo un par de veces al día, conservarlo en un sitio oscuro y utilizar el producto final dosificándolo con un gotero. La cantidad de gotas que hay que tomar variará de acuerdo con el contenido en THC de los cogollos. En la bibliografía ubicada en la parte final de este libro se ofrecen algunas referencias de libros de cocina cannábica con recetas para hacer todo tipo de platos con cannabis, así como sobre preparación de aceites y extractos.

Con relación al aceite de cannabis, este puede consistir, o bien en una simple maceración de cannabis en aceite, o bien en una más o menos compleja elaboración consistente, primero, en la extracción de los cannabinoides presentes en la planta mediante métodos químicos y, segundo, en su disolución en aceite de coco, de oliva o de cáñamo. Dependiendo del método que se utilice para la extracción, se obtendrá un mayor o menor rendimiento de la planta y, a su vez, la extracción estará más o menos libre de residuos tóxicos derivados del proceso químico de extracción. La potencia final también dependerá del grado de dilución que se aplique sobre el cannabis extraído en el aceite.

En el mercado legal, el único aceite que se encuentra a la venta es aceite de CBD en diferentes concentraciones. Como ya se ha puntualizado más arriba, debido a una falta de regulación del mercado, no hay garantías de que la composición marcada en la etiqueta del producto se corresponda con lo que realmente hay, ni de que el producto no se haya elaborado con plantas contaminadas cuyos componentes tóxicos son arrastrados en el proceso de extracción, quedando, por tanto, presentes en el aceite.

Los aceites de cannabis suelen elaborarse mediante tres tipos de extracción: con gas butano, con etanol o con el método supercrítico.

La tercera forma de extracción es la más cara, pero al no utilizar disolventes orgánicos garantiza una extracción muy limpia y sin residuos. El algunos CSC ofrecen aceites elaborados por extracción supercrítica; de nuevo advertimos que una extracción supercrítica no elimina los posibles contaminantes presentes en la materia prima, pero, si se puede elegir un aceite, este sería el ideal.

La extracción en etanol es relativamente fácil dependiendo del rendimiento que se le quiera sacar a la planta, y, por otra parte, implica menos riesgos de arrastrar el disolvente en el producto final si se deja evaporar bien.

En último lugar, la extracción con gas butano es la que más riesgos comporta, no solo de explosión durante el proceso, sino porque es fácil arrastrar productos tóxicos al resultado final.

Hay otras formas caseras de extraer cannabis; por ejemplo, utilizando planchas de alisar el pelo y otros inventos propios de la ingeniería popular, siempre imaginativa cuando se la somete a políticas de control represivo. El aceite de cannabis obtenido mediante extracción es de alta potencia, pudiendo llegar a conseguirse aceites con más del 90% de THC. Por ello, es esencial dosificarlo bien para evitar efectos secundarios indeseables. Habitualmente, los aceites de cannabis se administran en forma de gotas.

Por último, también se puede obtener aceite de cannabis calentando al baño maría cannabis disuelto en aceite de oliva, coco o cáñamo. Aunque el producto final es menos potente que el de las extracciones por métodos químicos, es una forma casera, fácil y segura de elaborar aceite para autoconsumo. El modo final de administración es, en este caso, también en forma de gotas o cucharadas. En fin, son métodos más propios de curanderas, chamanes y alquimistas, pero, como se suele decir, la necesidad hace virtud.

El usuario de cannabis en general, y el terapéutico en particular, han tenido que ingeniárselas para optimizar sus productos proscritos. Como se viene repitiendo reiteradamente, son los efectos colaterales del sistema de control del cannabis, el cual, lejos de eliminar su consumo, ha conseguido agudizar el ingenio de los usuarios, que nada tiene que envidiar al de los especialistas de las mejores empresas farmacéuticas del sector.

Vía oral frente a vía inhalada

Antes de pasar a explicar otras vías de administración, conviene hacer mención de las importantes diferencias en los efectos obtenidos según se utilice cannabis por vía oral o por vía inhalada. Mientras que la vía inhalada es inmediata y de acción limitada, la vía oral tarda más en hacer efecto pero se prolonga en el tiempo. Además, la vía oral es errática, lo que quiere decir que, a la misma dosis, el efecto puede variar en función de lo que se haya comido antes, así como de otros factores aún no del todo establecidos. No obstante, con cierta práctica y a base de ensayo y error se puede llegar a conseguir una dosis óptima que permita ingerir cada día, como se haría con cualquier otro medicamento, las dosis necesarias, que suelen ser una o dos diarias, dependiendo, como siempre, de la patología y las necesidades del paciente.

La dosificación idónea es más fácil de alcanzar con macerados y aceites que cuando se ingiere cannabis en forma de alimentos o comidas. Cuando se cocina con cannabis, la cantidad utilizada es más imprecisa y, según sea el procesado, se destruirán o se conservarán más o menos cannabinoides.

El usuario de cannabis culinario debe tener un especial cuidado con este método. Cuando se ingiere cannabis por vía oral, en el proceso de digestión se crea un metabolito (llamado 11-hidroxi-THC) que es tanto o más activo que el THC, por lo que se suma el efecto final de ambos cannabinoides y aumenta la potencia final.

Por vía oral, los efectos suelen aparecer entre 1 y 2 horas tras la ingesta, y pueden prolongarse hasta 6-8 horas. De ahí que una sobredosificación pueda dar lugar a una experiencia muy larga que, de acuerdo con la cantidad ingerida, y por tanto de la dosis, puede ser psicológicamente desagradable, lo cual no quiere decir que con la dosis apropiada la experiencia no sea placentera.

En el caso del usuario medicinal, la vía oral, bien medida y ajustada a sus necesidades, es la idónea, porque requiere solo una o dos administraciones diarias y se mantienen constantes en el organismo los niveles de cannabinoides. La forma en gotas es de fácil administración y una forma limpia de utilización, en el sentido de que no se inhala humo ni vapor, ni se ingiere ningún contaminante si el producto es de calidad.

En pacientes con dolor o en aquellos en los que los síntomas de la enfermedad aparecen de manera intermitente o en forma de brotes, lo ideal es utilizar cannabis en aceite de manera cotidiana, y, en caso de que se manifiesten repentinamente los síntomas, utilizar la vaporización como medida de rescate. Para otras condiciones que se manifiestan solo en determinados momentos del día, como por ejemplo el insomnio, suele ser más útil la vaporización, por su acción inmediata.

Por último, la ingesta oral de cannabinoides aumenta hasta cuatro veces la biodisponibilidad (cantidad de principio activo que es absorbida por el organismo) si se toma en combinación con una dieta rica en grasa.

Vía rectal

Una vía que goza de cierta popularidad es la utilización de cannabis en forma de supositorios. Hay muchos expertos que defienden que es una vía muy útil porque se absorbe una gran cantidad de cannabinoides (alta biodisponibilidad) sin que estos alcancen el cerebro y por tanto produzcan efectos psicoactivos, lo cual permitiría la administración de dosis muy altas de cannabis sin experimentar los efectos psicológicos.

Lo cierto es que, a día de hoy, se tiene muy poca información sobre la biodisponibilidad del cannabis por vía rectal, si bien todo apunta a que es bastante baja. Los supositorios de cannabis se elaboran utilizando el producto resultante de las extracciones, y aunque hay numerosos informes de usuarios recreativos que afirman que el cannabis por vía rectal es la forma más eficiente de consumir cannabis (y por tanto la más barata), la verdad es que no se conocen los riesgos de los efectos que sobre las mucosas internas pueda conllevar el aceite de cannabis o las formulaciones utilizadas para elaborar los supositorios.

Debido a su efecto errático, tampoco es fácil, al menos con el nivel de conocimientos actuales, precisar la dosis correcta.

Otras vías

Una vía de uso que se está extendiendo entre algunas mujeres con reglas dolorosas es la vaginal, por medio de óvulos vaginales que contienen aceite de cannabis. Sin embargo, la introducción vaginal de cannabis puede afectar a las mucosas y tejidos de la vagina. Por ello, antes de utilizar tanto la vía rectal como la vaginal recomiendo consultar a un médico especialista en medicina cannábica para recibir una información cualificada.

Una última vía, muy común en la actualidad, es la tópica, es decir, la aplicación sobre la piel para problemas como la psoriasis, la artritis y la artrosis, o para aliviar la inflamación y el dolor secundario a torceduras, esguinces, golpes o fracturas. Las cremas y pomadas de cannabis son generalmente de manufactura casera, aunque hay algunas asociaciones cannábicas que las dispensan a sus socios. Apenas existen estudios sobre la eficacia del cannabis por vía tópica, y aquí, de nuevo, nos encontramos con la divergencia entre lo que dicen algunos expertos, lo que dice la ciencia y lo

Cremas cannábicas (Fuente: Marta Molina).

que cuentan los pacientes. Por un lado, no es fácil elaborar un preparado que atraviese la piel y llegue al lugar donde está la inflamación y, además, en el caso del cannabis no se han generado evidencias científicas. Por otro, tenemos la experiencia de muchos pacientes. La fabricación de cremas y pomadas es todo un arte farmacéutico, de ahí la variedad en calidad y precios de las cremas faciales de uso común. Lo cierto es que los receptores CB1 en el sistema nervioso periférico median en el efecto analgésico del THC, lo cual puede explicar, al menos en parte, su efecto analgésico cuando es aplicado localmente en forma de cremas o ungüentos.

Lo que sí se puede afirmar es que la vía tópica no es perjudicial a no ser que los productos se preparen con compuestos tóxicos. La aplicación dérmica del cannabis no llega al cerebro y, por tanto, no «coloca». Su eventual efecto solo se produciría a nivel local, allí donde se aplica. Lo cierto es que la piel, los músculos, los huesos y las articulaciones están densamente poblados de receptores cannabinoides y, por tanto, la tópica es una de las vías de utilización del cannabis más prometedoras de cara a aliviar problemas locales.

POSIBLES APLICACIONES FUTURAS EN EL CAMPO MEDICINAL

Como venimos insistiendo en diferentes capítulos de este libro, el sistema endocannabinoide (SEC) está presente en todas partes, en cada órgano y en cada tejido, y está involucrado en casi cualquier fenómeno y proceso fisiológico encargado de reparar un daño y de devolver al organismo el eventual equilibrio que ha sido alterado. Si esto es así, y lo es, ello implica que la modulación del SEC es una diana terapéutica para el tratamiento de absolutamente todas las enfermedades humanas.

Por repasar algunas de las cosas apuntadas en el capítulo 2, diremos que existen receptores cannabinoides en el sistema inmunitario, en el corazón, en el hígado, en el bazo, en la piel, en los sistemas reproductivos masculino y femenino, en los ojos, por supuesto en el cerebro, etcétera. La lista es tan larga como partes de nuestro cuerpo podamos nombrar.

Por lo que respecta a los procesos fisiológicos, el SEC está implicado en la detección y eliminación de células cancerígenas, en el desarrollo de capacidades cognitivas como la memoria, en el control de la actividad química cerebral y, así, en casi todos los procesos fisiológicos que queramos nombrar. Por tanto, las aplicaciones futuras del cannabis y los cannabinoides en el campo medicinal y, en definitiva, de todo compuesto que actúe modulando el SEC, son tantas como patologías pueda sufrir el ser humano. Esta es la buena noticia. La mala, que aún no se conoce lo suficiente el mecanismo a través del cual el SEC está implicado en los procesos patológicos y, en consecuencia, estamos aún muy lejos de poder disponer de las medicinas que lo curen todo, si es que esto llega a ocurrir algún día, algo bastante improbable.

No obstante, en el espectro que va de las noticias excelentes a las pésimas hay todo un mundo interesante que no conviene perder de vista. Este es el mundo conocido, aquel en el que ya sabemos para qué funciona el cannabis, cuáles son sus limitaciones y sus beneficios y en qué medida puede ser de utilidad para tratar una determinada patología. Se trata de algo de lo que ya nos ocupamos en capítulos previos. Y, dentro de este espectro, dadas las evidencias que se han ido acumulando con los años, tanto provenientes de la investigación preclínica como en seres humanos, sí podemos arriesgarnos a vislumbrar cuáles serán las aplicaciones del cannabis y de los cannabinoides que con más probabilidad veremos antes. Estas son el cáncer, algunas enfermedades neurodegenerativas y algunos trastornos mentales.

También comprenderemos mejor una serie de enfermedades para las que los tratamientos actuales son muy limitados por el desconocimiento de su etiología, como es el caso de las enfermedades inflamatorias intestinales, de la fibromialgia o de algunos tipos de migrañas en cuya evolución el SEC no solo podría estar implicado, sino que su alteración podría constituir la propia etiología de la enfermedad.

En realidad, que el SEC esté implicado en todos los procesos fisiológicos alterados no quiere decir que la causa de dicha alteración tenga su origen en el mal funcionamiento de aquel. Como se ha dicho en repetidas ocasiones, la función del SEC es devolver al organismo la homeostasis o equilibro eventualmente alterado. En este sentido, es un mecanismo de regulación secundario; esto quiere decir que raramente será la causa de la enfermedad, aunque, una vez que esta aparece, sí se ponga en acción el SEC para tratar de curarla. Así pues, es posible que el tratamiento con cannabis y cannabinoides no sirva para curar las enfermedades cuya etiopatogenia o causa no está en el SEC, pero sí que sirva para paliar los síntomas asociados a las mismas, como parece ser el caso de aquellas enfermedades para las cuales por el momento se está mostrando de utilidad.

CÁNCER

De acuerdo con la Organización Mundial de la Salud (OMS), el cáncer es la segunda causa de muerte en el mundo. Una de cada cuatro personas recibirá un diagnóstico de cáncer a lo largo de su vida y una de cada seis muertes en el mundo se debe al cáncer. Alrededor de un tercio de las muertes por cáncer halla su causa en los cinco principales factores de riesgo conductuales y dietéticos: índice de masa corporal elevado, ingesta reducida de frutas y verduras, falta de actividad física, consumo de tabaco y consumo de alcohol.

Por esta razón, la mejor forma de no sufrir un cáncer es llevar un estilo de vida saludable, algo difícil, por otra parte, en un mundo en el que la actividad laboral es ante todo sedentaria, los ciudadanos viven en entornos altamente contaminados (el 16% de las muertes anuales en el planeta se deben a los efectos de la contaminación) y están sometidos a unas cargas de estrés altísimas, entre ellas el cada vez más preocupante avance de contextos que propician el aislamiento social (la soledad y el aislamiento social pueden aumentar el riesgo de muerte prematura hasta en un 50%).

Con respecto al impacto económico del cáncer, se estima que el costo total a nivel mundial atribuible a la enfermedad ascendió en 2010 a 1.16 billones de dólares y desde entonces va en aumento. Para el caso concreto de España, de acuerdo con la Sociedad Española de Oncología Médica, los nuevos casos estimados de cáncer en 2017 sumaron 228 482, y para 2035 se estima que habrá 315 413 nuevos casos.

Los tumores más diagnosticados son el colorrectal y los de próstata, pulmón, mama, vejiga y estómago. Se estima que, en España, uno de cada dos hombres y casi una de cada tres mujeres tendrá cáncer a lo largo de su vida, y en 2016 un 27.5% de las muertes se debieron a tumores. La cifra alentadora es que la supervivencia de los pacientes con cáncer en nuestro país es similar a la del resto de países de nuestro entorno, situándose en España en un 53% al cabo de 5 años.

El cáncer no es una sola enfermedad, sino cientos de ellas. Se produce por la transformación de células normales en tumorales. Se dice que el cáncer son cientos de enfermedades porque se han descrito más de cien tipos de tumores diferentes, relacionados con los órganos y tejidos en donde aparece.

Aunque hay un proceso común a todos los tipos de cáncer, cada tipo y subtipo de tumor constituye una entidad biológica diferente que requiere, por tanto, un tratamiento distinto.

En modelos animales de cáncer está bastante bien establecido que algunos cannabinoides, principalmente el THC, el CBD y, sobre todo, la combinación de ambos, son capaces de reducir el crecimiento de distintos tipos de tumores, incluidos cerebrales (glioma), de piel (melanoma y carcinoma cutáneo), de mama, de páncreas, de hígado y de próstata, entre otros. Un estudio reciente realizado con animales en el laboratorio de la prestigiosa investigadora española de los cannabinoides aplicados al tratamiento del cáncer, la Dra. Cristina Sánchez, ha descubierto que la utilización de un preparado de cannabis obtenido de la planta entera tiene una acción antitumoral en modelos animales de cáncer de mama superior a la de cannabinoides puros como el THC, lo que aporta evidencias sobre el ya mencionado efecto *entourage* (véase el capítulo 4).

La acción antitumoral de los cannabinoides es, como mínimo, de tres tipos. *Primero*, su acción sobre los receptores CB1 y CB2 presentes en las células tumorales produce la inhibición de una proteína esencial para la supervivencia celular denominada Akt. En algunos tipos de cáncer, la inhibición de Akt conduce a la inducción de la autofagia (un proceso de autodigestión celular) y, finalmente, a la muerte celular programada de las células tumorales. *Segundo*, además de promover la muerte de las células tumorales, los cannabinoides pueden contribuir a bloquear el crecimiento del tumor mediante la inhibición de la angiogénesis tumoral (un proceso mediante el cual el tumor consigue generar y modificar los vasos sanguíneos de manera que, por ejemplo, pueda obtener más fácilmente los nutrientes y el oxígeno que necesita para crecer). *Tercero*, los cannabinoides también inhiben la capacidad de las células tumorales para migrar e invadir otros tejidos, un proceso llamado metástasis, que da lugar finalmente a la muerte del organismo. Las mencionadas acciones de los cannabinoides sobre las células tumorales son específicas para estas y no afectan a las células normales o sanas.

Por desgracia, los efectos antitumorales de los cannabinoides solo se han comprobado en investigación animal, aunque los resultados son tan espectaculares que, de entre todas las aplicaciones médicas prometedoras del cannabis y los cannabinoides, es la que cuenta con más probabilidades de poder ser utilizada en humanos a medio plazo.

Hasta la fecha, el único ensayo clínico controlado que ha estudiado en humanos el potencial antitumoral del cannabis se ha realizado con Sativex® (como ya se ha dicho, un espray de uso sublingual con una concentración de THC-CBD de 1:1) para el tratamiento de un tipo de tumor cerebral incurable llamado glioblastoma multiforme (GBM). En el estudio se acompañó la quimioterapia estándar (temozolamida) para tratar el GBM con Sativex® (o placebo), encontrándose que los pacientes tratados con Sativex® tuvieron una tasa de supervivencia al año del 83%, mientras que la del grupo placebo más temozolamida fue del 53%. La supervivencia para el grupo que recibió cannabis fue superior a 550 días, en comparación con los 369 para el grupo que recibió la terapia combinada con el placebo.

ENFERMEDADES NEURODEGENERATIVAS

Las enfermedades neurodegenerativas son debidas al envejecimiento cerebral. El envejecimiento cerebral es un proceso natural que conduce a numerosos cambios y adaptaciones moleculares, celulares y de los tejidos. Estos cambios incluyen reducciones locales en el metabolismo de la glucosa, estrés oxidativo, señalización alterada del calcio celular, síntesis y degradación proteicas más lentas, que a su vez pueden facilitar la acumulación de proteínas dañadas y la atrofia neuronal causada por actividad defectuosa en las sinapsis, así como la reducción de la neurogénesis y la reactividad glial (las células gliales aportan alimento y protección a las neuronas). Es decir, se producen cambios en el normal funcionamiento del cerebro y estos cambios de orden químico tienen como resultado una alteración de la estructura cerebral que conduce al mal funcionamiento de las actividades cerebrales. Las enfermedades neurodegenerativas de mayor prevalencia son las demencias, entre las que se incluyen la enfermedad de Alzheimer, la enfermedad de Parkinson y la enfermedad de Huntington.

Con respecto a las demencias, de acuerdo con la OMS, a medida que la población mundial envejezca el número de personas que padecerá demencia se triplicará y pasará de los aproximadamente 50 millones actuales a 152 millones en 2050.

Se estima que el costo anual de la demencia a nivel mundial es de 818 000 millones de dólares, lo que equivale a más del 1% del producto interno bruto mundial. El costo total comprende los gastos médicos directos, la atención social y la atención prestada de manera informal (pérdida de ingresos de los cuidadores). Se prevé que, de aquí a 2030, ese costo habrá ascendido a más del doble y alcanzará los 2 billones de dólares, lo que podría socavar el desarrollo social y económico y desbordar los servicios sociales y de salud, en particular los sistemas de atención crónica.

Con relación al párkinson, la prevalencia en la población de los países industrializados oscila entre el 0.3% y el 1% en sujetos mayores de 60 años, y alcanza el 3% en los de 80 años o más, con tasas de incidencia que varían entre 0.08 y 0.18 por 1000 personas/año.

Con respecto a la enfermedad de Huntington, se trata de una afección más minoritaria que afecta aproximadamente a uno de cada 10 000 habitantes en la mayoría de los países europeos. En España se estima que más de 4000 personas tienen la enfermedad y más de 15 000 afrontan el riesgo de haber heredado el gen de la EH, porque tienen o tuvieron un familiar directo afectado por la misma. La enfermedad pueden heredarla y desarrollarla por igual hombres y mujeres, sin diferencias por clase social o grupo étnico. La mayoría de las personas desarrollan la enfermedad durante la vida adulta, entre los 35 y los 55 años.

Como ya se ha mencionado antes, según la OMS, en 2030 el costo derivado del aumento del envejecimiento de la población y con ello de las enfermedades neurodegenerativas puede llegar a colapsar los sistemas públicos de salud tal y como hoy los conocemos. Para terminar de agravar el problema, las empresas farmacéuticas están dejando de invertir en el desarrollo de fármacos para el tratamiento de estas enfermedades debido a su elevado coste unido a la falta de resultados alentadores. La eficacia de los fármacos existentes es altamente limitada, en ningún caso curan estas enfermedades y en el mejor de los casos se limitan a ralentizar ligeramente su avance, sobre todo en las fases tempranas de la enfermedad.

Sin duda, el tratamiento eficaz de las enfermedades neurodegenerativas es el mayor reto médico actual, como lo fueron en su día las enfermedades infecciosas antes del descubrimiento de los antibióticos, y por encima del cáncer, que se está consolidando como una enfermedad más crónica que mortal, a pesar de su alta prevalencia. En este contexto en el que existen pocos motivos para el optimismo, debido al fracaso continuado de otras terapias, las evidencias de que se dispone en la actualidad con los tratamientos basados en cannabis para algunas enfermedades neurodegenerativas permiten mantener cierta esperanza con respecto a una aplicación futura relativamente exitosa.

La razón principal por la que los fármacos antienvejecimiento cerebral no funcionan, o lo hacen muy limitadamente, reside en la complejidad del cerebro humano y, por ello, en la dificultad de obtener modelos animales fiables sobre los que trabajar. Se conocen bien algunas de las causas principales de estos trastornos; por ejemplo, en el caso de las demencias, la acumulación de algunas proteínas cerebrales (llamadas beta-amiloides) que conducen a la formación de placas que anquilosan las conexiones neuronales, o, en el caso del párkinson, la degeneración de una estructura cerebral llamada sustancia negra y con ella el déficit de un neurotransmisor llamado dopamina, que conduce a graves trastornos del movimiento que pueden llegar a producir una parálisis completa.

Sin embargo, los procesos subyacentes específicos se desconocen en buena medida, lo cual impide el desarrollo de fármacos eficaces para tratar este tipo de enfermedades. Otra de las razones es que cuando aparecen los primeros síntomas de estas enfermedades ya existe un daño evidente y avanzado en el cerebro, que se torna irreversible.

El gran reto de la medicina en este ámbito es encontrar marcadores, tanto psicológicos como biológicos, que permitan detectar la enfermedad de forma precoz. Pero incluso en esa situación no se dispone de estrategias terapéuticas para frenar su avance. El reto, por tanto, es triple: 1) la detección precoz; 2) el freno de la enfermedad una vez que esta aparece; 3) la reparación del daño ya producido. Por el momento, los logros conseguidos en estos tres ámbitos siguen siendo bastante pobres, desafortunadamente.

A este respecto, valga decir que, a pesar de que en términos populares se suele calificar el cannabis como una droga que puede dañar el cerebro, matar neuronas y producir problemas de memoria, paradójicamente resulta, y esto es un hecho de sobra demostrado en lo científico, que el cannabis, o al menos algunos de los compuestos presentes en la planta, como son los ya conocidos THC y CBD, tienen acción no solo neuroprotectora, sino neurorregeneradora. De nuevo, eso sí, solo en modelos animales.

Las primeras evidencias del potencial neuroprotector de los cannabinoides se remontan a los años noventa del siglo pasado, y desde entonces estas se han ido acumulando tanto para el caso de algunos cannabinoides sintéticos como para el THC y el CBD. En modelos animales, los cannabinoides no solo frenan la agregación de placas beta-amiloides, sino que además revierten el deterioro cognitivo. También han demostrado que preservan tanto las neuronas como las células cerebrales que dan alimento y soporte a aquellas (llamadas células de la glía) ante la producción de un daño. Por tanto, el efecto es doble: neuroprotector y neurorregenerador.

Los cannabinoides también han mostrado actividad antioxidante mediante la eliminación de radicales libres, que son moléculas tóxicas generadas por reacciones bioquímicas derivadas del metabolismo celular. La modulación del SEC también tiene acción antiinflamatoria en el plano cerebral y previene la excitotoxicidad, que es la muerte neuronal secundaria a dicha inflamación. En este sentido, los cannabinoides actúan de acuerdo con una «estrategia múltiple»: despliegan una actividad de amplio espectro produciendo simultáneamente efectos sobre diferentes procesos implicados en la neurodegeneración. Ahora queda pendiente trasladar los resultados de toda esta investigación basada en modelos animales a ensayos clínicos con humanos.

Deberemos esperar aún algunos años para comprobar si lo que se ha descubierto en investigación animal se replica en el ser humano. De momento, así está ocurriendo con los estudios que han demostrado la eficacia del CBD, como ya hemos visto en el capítulo 4, para el tratamiento de algunas enfermedades que cursan con neurodegeneración, como son algunas epilepsias infantiles o la encefalopatía hipóxico-isquémica neonatal (que es el daño cerebral irreversible que se produce en el bebé cuando hay una falta de oxígeno en el parto y que en modelos animales el CBD se ha revelado capaz de revertir).

Este efecto neuroprotector del CBD frente a la falta de oxígeno en el cerebro (que, en el caso del cerdo, que es el modelo animal más investigado, se prolonga hasta 6 horas) abre una ventana terapéutica en la que se podría intervenir administrando CBD para evitar daños cerebrales. Las aplicaciones clínicas del CBD en este sentido son inmensas, ya que el principal efecto devastador derivado de la supervivencia tras un fallo cardiaco (en el que se produce una interrupción de aporte de oxígeno al cerebro) son las lesiones neuronales secundarias a la falta de oxígeno en el cerebro. Siendo el CBD un fármaco muy seguro aun a dosis muy altas, no debería ser necesario esperar a tener ensayos clínicos que muestren su eficacia en este sentido, y, así, para todo niño que nace con hipoxia, o a todo infartado, el primer tratamiento de emergencia, una vez garantizada la supervivencia, debería ser la administración de una dosis alta de CBD, para prevenir así el eventual daño neuronal.

También hay ya estudios en los que se han utilizado algunos cannabinoides para combatir los síntomas de comportamiento asociados a enfermedades neurodegenerativas, si bien aún queda todo el camino por recorrer con relación a su potencial neuroprotector y neurorregenerador en el ser humano. Debido al conocido perfil de seguridad tanto del cannabis como de los fitocannabinoides, algunos investigadores, como por ejemplo el ya citado Dr. Ethan Russo, los proponen no solo como posibilidades terapéuticas contra las enfermedades neurodegenerativas, sino como tratamientos de prevención de las mismas, especialmente en poblaciones de riesgo.

Otra prometedora aplicación de los cannabinoides, en particular del CBD, es el tratamiento de los síntomas de comportamiento asociados con el autismo (una enfermedad neurológica del desarrollo en la infancia). Un estudio reciente en el que se administró cannabis enriquecido con CBD a 60 niños con autismo encontró una mejora en los síntomas de comportamiento en el 61% de los pacientes tratados.

TRASTORNOS MENTALES

Otra de las aplicaciones prometedoras del cannabis y los cannabinoides tiene lugar en el campo de la salud mental. Al igual que ocurre en el caso de las enfermedades neurodegenerativas, en las que, basándose en evidencias científicas poco concluyentes, se ha venido calificando el cannabis como una droga que daña el cerebro, se ha hablado a menudo de un eventual daño en la salud mental de los usuarios. Particularmente controvertidas son las relaciones entre el consumo de cannabis y la posible aparición de problemas de tipo psicótico, como esquizofrenia o trastorno bipolar (o maniaco-depresivo).

El tema de las relaciones entre consumo de cannabis y aparición de trastornos mentales es complejo y escapa al propósito de este libro, aunque en el capítulo 9 reflexionaremos un poco más en profundidad al respecto. Sin negar esta asociación, lo cierto es que las probabilidades de que estos problemas aparezcan cuando hay una supervisión médica de un tratamiento se reducen. Y, si aparecen, precisamente dicha supervisión permite que el impacto sobre la salud mental del paciente se minimice. En los estudios terapéuticos realizados hasta la fecha no se han encontrado problemas de salud mental en los participantes.

Sea como fuere, no se puede negar que, por ser una sustancia psicoactiva, el efecto secundario principal del cannabis es de tipo psicológico. Lo que es más cuestionable es que este efecto psicológico dé lugar, en el largo plazo, a la aparición de problemas de salud mental asociados causalmente al cannabis. Las enfermedades mentales son entidades clínicas complejas y reducirlas a los eventuales efectos de una sustancia psicoactiva puede estar cegándonos a su comprensión más profunda, validando el dicho de que los árboles no nos dejan ver el bosque.

Y es que es precisamente por sus efectos sobre el cerebro y, por tanto, sobre la mente por lo que se utilizan psicofármacos en psiquiatría. Sabemos que muchos de estos psicofármacos no son inocuos e incluso algunos sí producen los efectos que se achacan al cannabis, como es la posibilidad de inducir psicosis. Es el caso de los psicoestimulantes que se utilizan para el tratamiento del trastorno por déficit de atención (TDA) en niños.

Con relación al control de los efectos psicológicos del cannabis, es más fácil predecirlos que en el caso de otros psicofármacos de uso habitual en psiquiatría: los efectos psicológicos negativos del cannabis se manifiestan con las primeras tomas y, por tanto, es fácil saber si al paciente le sienta bien o mal y cómo es su sensación, de cara a tomar decisiones acerca de si detener o continuar el tratamiento y, en el segundo caso, cómo. En cambio, en el caso de fármacos antipsicóticos, antidepresivos, ansiolíticos o para el tratamiento del TDA, a veces se necesitan meses, e incluso años, para que los efectos secundarios se manifiesten.

Por ejemplo, el uso a largo plazo de algunas benzodiacepinas (ansiolíticos) se ha relacionado con la aparición de demencias, y curiosamente son las terceras sustancias más consumidas por parte de la población española, solo por debajo del alcohol y el tabaco, pero por encima del cannabis.

Por último, como ya hemos visto en el capítulo 5 y revisaremos más en profundidad en el próximo, cada vez se publican más estudios en los que los pacientes sustituyen las medicaciones psiquiátricas, principalmente ansiolíticos y antidepresivos, por el cannabis. Este fenómeno solo puede querer decir que, aunque en efecto el uso de cannabis pueda ser fuente de problemas mentales para un determinado segmento de la población, para otro, sobre todo una parte de aquellos que padecen algún tipo de trastorno mental, lejos de potenciárselo, se lo alivia.

Volviendo de nuevo a la OMS, más de 300 millones de personas en el mundo sufren depresión, un trastorno que es la principal causa de discapacidad. Más de 260 millones tienen trastornos de ansiedad y alrededor de 21 millones sufren esquizofrenia. Además, las personas con trastornos mentales presentan unas tasas desproporcionadamente elevadas de discapacidad y mortalidad. Así, por ejemplo, las personas con depresión mayor o esquizofrenia tienen una probabilidad de muerte prematura de entre un 40% y un 60% mayor que la población general, debido a los problemas de salud física, que a menudo no son atendidos (por ejemplo, cánceres, enfermedades cardiovasculares, diabetes e infección por VIH), y al suicidio. A nivel mundial, el suicidio es la segunda causa más frecuente de muerte en los jóvenes.

Para terminar con el repaso a las cifras ofrecidas por la OMS, los trastornos mentales, neurológicos y por consumo de sustancias representan conjuntamente un 13% de la carga mundial de morbilidad. Por sí sola, la depresión representa un 4.3% de dicha carga y se encuentra entre las principales causas mundiales de discapacidad (un 11% del total mundial de años vividos con discapacidad), sobre todo entre las mujeres. Las consecuencias económicas de estas pérdidas de salud son igualmente amplias: en un estudio reciente se calculaba que el impacto mundial acumulado de los trastornos mentales en términos de pérdidas económicas será de 16.3 billones de dólares entre 2011 y 2030.

Para terminar de agravar el problema, nos encontramos con un panorama parecido a lo explicado en el caso de las enfermedades neurodegenerativas: la limitada eficacia de los psicofármacos al uso y, con ello, la retirada progresiva de la industria farmacéutica de la inversión en el desarrollo de psicofármacos para el tratamiento de las enfermedades mentales. A este fenómeno se lo conoce como «la crisis de los psicofármacos»: hace más de treinta años que no se descubre una molécula auténticamente novedosa en el ámbito de la psiquiatría. Los nuevos fármacos que se van descubriendo están basados en las moléculas ya conocidas, pero no superan su eficacia. Debido a lo costoso del desarrollo de nuevos fármacos, a su limitada eficacia (para algunos antidepresivos es equivalente a la del placebo) y, para terminar, a su perfil de efectos secundarios, las compañías farmacéuticas están dejando de invertir en el desarrollo de fármacos basados en nuevas moléculas. No es raro, por tanto, que los pacientes estén sufriendo un desencanto hacia los psicofármacos de prescripción y que cada vez prefieran formas menos convencionales de tratamiento, entre ellas el cannabis.

Las evidencias que sustentan la eficacia del cannabis en el tratamiento de la depresión o de los trastornos de ansiedad son limitadas y se basan en estudios de pacientes de dispensarios en aquellos países en los que hay programas, o leyes específicas, sobre cannabis medicinal.

El «patrón de oro» para valorar la eficacia de un fármaco son los ensayos clínicos y lo que se conoce como metaanálisis (un método estadístico para analizar resultados de diferentes ensayos clínicos agrupando los de todos los pacientes tratados). Actualmente no existen estudios que cumplan con este «patrón de oro», aunque también es cierto que los resultados de los metaanálisis que se han realizado para los antidepresivos clásicos superan en eficacia a los del placebo. Así pues, en el caso de los antidepresivos de prescripción, la evidencia proveniente de los ensayos clínicos concluye en una falta de eficacia, mientras que para el cannabis no hay ensayos clínicos pero hay evidencias de segundo orden que remiten a lo que hace realmente la población y no a los resultados de los ensayos clínicos. Si esa parte de la población está o no equivocada, es algo que deberán concluir los ensayos clínicos, al menos si nos creemos que el ensayo clínico es el patrón de oro de la evidencia científica, algo que hoy en día está cada vez más cuestionado, como se analizará en el Anexo.

Con relación a los trastornos de ansiedad ocurre algo parecido, aunque no idéntico. Los fármacos para el tratamiento de la ansiedad son muy efectivos, lo que ocurre es que producen efectos secundarios importantes, ante todo dependencia fisiológica, lo cual quiere decir que puede aparecer síndrome de abstinencia cuando dejan de tomarse. También presentan el inconveniente de que a largo plazo pueden producir problemas cognitivos, e incluso se relacionan con una mayor incidencia de demencias. Y no curan la ansiedad: solo palian los síntomas. Debido a estas razones, también se va observando en estudios poblacionales cómo muchos pacientes los sustituyen por el cannabis, que carece de la mayoría de los problemas mencionados y además induce euforia, algo que a los pacientes con problemas crónicos de ansiedad y/o depresión puede resultarles beneficioso.

Hay que tener en cuenta, además, que la mayoría de enfermedades crónicas, si no todas, cursan con ansiedad y muchas veces también con depresión, de ahí que muchos pacientes crónicos, con independencia de la enfermedad que tengan, están medicados con fármacos antidepresivos y ansiolíticos, sobre todo para contrarrestar los problemas de insomnio, algo para lo que el cannabis es muy eficaz en muchos pacientes.

Existe un trastorno concreto de ansiedad especialmente incapacitante que se conoce como trastorno de estrés postraumático; lo padecen personas que han sufrido algún suceso traumático severo, como una agresión sexual o un atentado terrorista, o han estado expuestos a situaciones en las que sus vidas han estado en alto riesgo. Estas personas pueden desarrollar síntomas de ansiedad extrema, de evitación de personas y lugares que les recuerden el suceso traumático y les hagan experimentarlo de nuevo con la misma carga emocional angustiante con la que sucedió en origen.

Actualmente no existen fármacos específicos para tratar este trastorno, y para el mismo se suele recetar un cóctel de fármacos que se va ajustando hasta dar con algo que funcione, aun a sabiendas de que el tratamiento más eficaz para este tipo de trastorno es la psicoterapia. Hay algunas evidencias basadas en estudios de encuestas que concluyen que el cannabis puede ser de utilidad para este trastorno concreto, y de hecho hay en marcha un ensayo clínico en el que se están probando diferentes variedades de cannabis con diferentes concentraciones de THC/CBD.

Hay otra importante causa de sufrimiento psicológico y de elevado gasto público sanitario para la que el cannabis ha empezado a demostrar utilidad, tanto en estudios con animales como poblacionales, e incluso ya están empezando a realizarse ensayos clínicos al respecto. Se trata del tratamiento de las drogodependencias. Estados Unidos padece desde hace tiempo una epidemia de muertes por sobredosis de opiáceos de prescripción médica en la que mueren unas doscientas personas cada día. Los estudios poblacionales han descubierto que en aquellos estados en los que hay leyes que regulan el cannabis medicinal hay un número de muertes significativamente menor que en los que no las hay. Asimismo, los estudios poblacionales realizados en dispensarios de países con leyes de cannabis medicinal muestran persistentemente que muchos pacientes sustituyen los opiáceos por el cannabis. Es más, algunas clínicas de tratamiento para desintoxicación de drogas peligrosas como la heroína y/o la cocaína permiten en estos países el uso del cannabis porque los pacientes se adhieren mejor al tratamiento.

En resumen: es incierto que el cannabis y los cannabinoides vayan a ser un tratamiento de elección en el futuro para trastornos como la depresión o la ansiedad (en el marco de sus diferentes cuadros o expresiones clínicas), o para el tratamiento de las drogodependencias. No obstante, sí parece ya una realidad que los pacientes los usan, independientemente de los criterios y protocolos médicos establecidos.

Como veremos en el capítulo siguiente, quizás lo que le importa a fin de cuentas al paciente es mejorar su calidad de vida y, por las razones que sean, el cannabis se la mejora más que muchos fármacos de prescripción, entre otras razones porque produce menos efectos secundarios y quizás porque le permite convivir mejor con su enfermedad. Sea como fuere, dadas las estremecedoras cifras con las que iniciábamos este epígrafe sobre las terribles consecuencias sociosanitarias derivadas de los trastornos psiquiátricos, cualquier mejoría en el campo de los efectos secundarios supone un inmenso avance no solo en lo personal, sino también en cuanto a la reducción del gasto público sanitario y, sobre todo, en el aumento de la adherencia de los pacientes a los tratamientos.

Por último, queda por abordar el caso concreto del CBD. En el capítulo 4 ya se mencionó que el CBD tiene propiedades ansiolíticas y antipsicóticas, lo cual abre un panorama muy interesante en el tratamiento de los trastornos mentales. En efecto, hay evidencias experimentales basadas tanto en ensayos clínicos como en modelos de enfermedad en humanos, en contextos de ansiedad (por ejemplo, inducir situaciones de ansiedad, como hablar en público, a personas con fobia social sería un «modelo» para investigar la ansiedad generalizada), que muestran las propiedades ansiolíticas del CBD.

Además, a diferencia de las benzodiacepinas y de otros fármacos sedantes, el CBD no produce alteraciones cognitivas ni sedación, y sus efectos secundarios son muy leves, en el caso de que aparezcan. Las propiedades ansiolíticas del CBD y su perfil de leves efectos secundarios lo convierten en una medicina potencialmente maravillosa, máxime teniendo en cuenta, como ya se ha dicho, que todas las enfermedades crónicas, precisamente por su naturaleza durable, conllevan altos niveles de ansiedad. El CBD también ha arrojado resultados positivos en ensayos clínicos enfocados al tratamiento de la dependencia del tabaco y de los opiáceos, si bien por el momento los estudios al respecto son limitados.

Pero donde sin duda el CBD tendrá una aplicación de verdadera utilidad será en el tratamiento de la esquizofrenia. Existen numerosas evidencias preclínicas (en modelos animales), clínicas (estudios de casos de pacientes) y por lo menos dos ensayos clínicos que demuestran el potencial antipsicótico del CBD. En uno de estos estudios, el CBD demostró ser igual de efectivo que el fármaco de comparación (un antipsicótico de uso estándar), pero sin su perfil de efectos secundarios. En el otro ensayo clínico publicado hasta la fecha, en el que se administró CBD o placebo junto con el fármaco de uso habitual, el grupo de CBD mejoró significativamente sus síntomas.

Debido a la cronicidad de la esquizofrenia, al sufrimiento que produce en los pacientes, incluyendo el acortamiento de la esperanza de vida, muchas veces debido a suicidios, disponer de un fármaco eficaz sin el perfil de efectos secundarios de los fármacos al uso, que son los causantes principales de los abandonos de los tratamientos, ofrecerá un beneficio incalculable, tanto para los propios pacientes como para los sistemas públicos de salud.

DEFICIENCIA ENDOCANNABINOIDE CLÍNICA

Existe un conjunto de enfermedades cuya etiología (origen) es desconocida y que responden mal a los tratamientos estándar, pero que se sabe ofrecen una respuesta más que aceptable al tratamiento con cannabis y cannabinoides. Son enfermedades como la fibromialgia, algunos tipos de migrañas, las enfermedades inflamatorias intestinales (enfermedad de Crohn y colitis ulcerosa) y trastornos neurológicos y psiquiátricos como el párkinson o el trastorno de estrés postraumático. En todos estos trastornos se ha observado una alteración de las concentraciones de endocannabinoides, lo cual tampoco debe ser raro si consideramos que el sistema endocannabinoide está presente en todos los procesos fisiológicos.

Además, estas enfermedades son resistentes a los tratamientos habituales pero responden con relativa eficacia al tratamiento con cannabinoides. Concretamente la fibromialgia, algunos tipos de migraña y las enfermedades inflamatorias intestinales cursan con hiperalgesia (mayor sensibilidad a los estímulos dolorosos) y se han considerado tradicionalmente de origen psicosomático, por venir acompañadas de niveles elevados de ansiedad y depresión. Muchas veces se diagnostican por exclusión de otros diagnósticos, al margen de que existe una alta comorbilidad entre ellas.

Este conjunto de fenómenos llevó al eminente investigador Ethan Russo a formular la hipótesis de que el origen de dichas patologías se encuentra en la alteración o desregulación del sistema endocannabinoide, de ahí que la utilización de cannabinoides sea una eventual vía eficaz de tratamiento. Las evidencias que soportan esta hipótesis son cada vez más sólidas y ya empiezan a aparecer resultados de ensayos clínicos que demuestran la eficacia del cannabis y de los cannabinoides (especialmente el CBD) para el tratamiento de estas enfermedades. Es de esperar que en el futuro, a medida que se avanza en el conocimiento del sistema endocannabinoide, las enfermedades cuya etiología consista en una desregulación del mismo sean tratadas como primera opción por los cannabinoides o los fármacos que actúen sobre el sistema endocannabinoide.

En conclusión: aunque el futuro de la medicina basada en cannabis y cannabinoides está aún por construirse, las primeras piedras ya están colocadas y solo el tiempo nos permitirá conocer la importancia de su alcance.

CANNABIS Y CALIDAD DE VIDA

LOS PROBLEMAS DE SALUD PÚBLICA PRESENTES Y FUTUROS

¿Qué es la salud? Y ¿qué es la enfermedad? La medicina tecnificada, o biomedicina, entiende la salud de acuerdo con una serie de marcadores biológicos que son los que la definen: guarismos relacionados con la presión arterial, índice de masa corporal, niveles de colesterol bueno y malo, anormalidad de las funciones hepáticas y renales...; en definitiva, de acuerdo con el grado de precisión y ajuste de lo que suele llamarse a veces, irónicamente, la biomáquina humana. La forma de mantener estos parámetros dentro de la normalidad es llevando una vida saludable. Cuando estos parámetros se alteran, aumentan las probabilidades de enfermar.

Las principales causas de mortalidad en el mundo son la cardiopatía isquémica y el accidente cerebrovascular, es decir, enfermedades de origen cardiovascular. Precisamente son las enfermedades más fáciles de evitar si llevamos un estilo de vida saludable basado en realizar ejercicio físico de manera regular (los expertos aseguran que hacer ejercicio durante solo veinte minutos diarios ya es cardioprotector); no fumar ni, por supuesto, tomar bebidas alcohólicas, al menos en exceso; no comer excesivas grasas saturadas ni azúcar, y, en definitiva, llevar una dieta equilibrada. Es algo tan sencillo como mantener el índice de masa corporal dentro de los parámetros normales, ya que esa es la mejor forma de tener a su vez los niveles de presión arterial dentro de la normalidad. Solo con esta actuación, el riesgo de padecer una enfermedad cardiovascular se reduce de forma considerable, con el consiguiente aumento de la esperanza de vida y una aceptable calidad de la misma.

Si se piensa detenidamente, es difícil de entender que, siendo tan fácil evitar morir de una enfermedad cardiovascular, esta sea la principal causa de muerte a nivel mundial. Algo debe de estar fallando, ¿no?

La OMS define la salud no como la ausencia de enfermedad, sino como el completo bienestar físico, psicológico, social y espiritual. Sin embargo, la mayor parte de las investigaciones y de los programas de prevención y promoción de la salud se centran en el aspecto puramente biomédico, aun sabiendo que son los otros tres factores (el psicológico, el social y el espiritual) los principales causantes de que los parámetros biológicos se alteren dando lugar con ello a la aparición de enfermedades. Por ejemplo, en el Reino Unido solo el 5% del presupuesto destinado a investigación sanitaria se destina a prevención.

Parece, pues, evidente que todo el esfuerzo dedicado a investigar desde una perspectiva biomédica las enfermedades que nos acosan no es más que una inversión para tratar de curar enfermedades que son, en última instancia, efecto del mundo que hemos construido y en el que vivimos. Por poner algunos ejemplos sorprendentes: la contaminación atmosférica mata cada año a unos siete millones de personas, una de cada ocho del total de muertes en el mundo, las mismas que, según la OMS, mata el tabaco. Si examinamos los fármacos más vendidos en España, resulta que entre los diez más recetados se encuentran tres analgésicos, un antiinflamatorio, un antiagregante plaquetario, un anticoagulante, un broncodilatador, un regulador del tiroides y dos ansiolíticos. La relación entre los síntomas para los que están indicados estos fármacos y los estilos de vida sedentarios es más que evidente.

Si los estilos de vida de las sociedades tecnificadas producen, literalmente, enfermedades, esto no es menos cierto para las condiciones sociales a las que estos estilos de vida conducen. Me estoy refiriendo a la percepción de falta de apoyo comunitario y de aislamiento social. Actualmente, en España, casi uno de cada cuatro personas vive sola y desde 2017 ha empezado un declive poblacional que en 2030 la convertirá, si la cosa no cambia, en un país envejecido y lleno de hogares solitarios. Hasta ahora se había prestado poca atención a las consecuencias psicológicas, sociales e incluso médicas de este fenómeno, quizás porque España siempre ha sido un país rico en vida en la calle, como se suele decir popularmente.

Fenómenos sociopolíticos que no vamos a entrar aquí a analizar están acabando con la tradicional vida vecinal y con ello se está produciendo la desintegración del tejido comunitario, sin que quienes dirigen estos cambios sean muy conscientes —o directamente no les interese hacerse conscientes— de las consecuencias finales que estos fenómenos pueden acarrear en términos de salud pública.

Existe evidencia sustancial de que la percepción de falta de apoyo social predice una mayor gravedad de los síntomas, una peor recuperación y peores resultados en los tratamientos en las personas con depresión, trastorno bipolar o ansiedad. También una mayor soledad se asocia con síntomas de depresión y ansiedad más severos y una remisión más deficiente. Por otra parte, existe una evidencia científica sólida que sitúa la soledad como el principal factor de riesgo de padecer psicosis.

No obstante, las consecuencias de la percepción de un bajo apoyo social y la soledad no solo se manifiestan en problemas de salud mental. El aislamiento social y la soledad se consideran hoy día un importante problema de salud pública y algunos estudios concluyen que la sensación de soledad extrema puede aumentar en más de un 20% las probabilidades de muerte prematura. La soledad conlleva una situación de estrés crónico que debilita el sistema inmunitario. Tras haber medido numerosos parámetros médicos, la investigación animal es concluyente sobre los efectos negativos del aislamiento social sobre la salud. Dichos resultados también se han constatado en humanos, de lo que resulta que, por ejemplo, las personas sin vínculos con los demás tienen hasta tres veces más probabilidades de morir por cardiopatía isquémica, enfermedad vascular cerebral o cáncer, por citar solo algunas enfermedades graves, en un período de nueve años en comparación con individuos que tienen muchos más contactos sociales.

Los efectos de la soledad y la percepción de aislamiento social sobre la esperanza de vida parecen ser tan impactantes como los efectos de la obesidad, el tabaquismo o la hipertensión, lo cual hace pensar a los expertos que nos encontramos ante un grave problema de salud pública que no se está abordando como se merece.

Ante este panorama, quizás ahora podamos entender por qué no es tan fácil, como parecía adelantarse al principio de este capítulo, prevenir la aparición de enfermedades evitables llevando estilos de vida saludables. Si lo fuera, no habría en España ocho millones de obesos, nueve millones de hipertensos, no fumaría a diario más de un millón de personas ni tomarían a diario fármacos hipnóticos y sedantes con o sin receta casi tres millones de individuos.

Podría afirmarse que en las sociedades tecnificadas el ser humano se comporta de modo contrario a su naturaleza, una naturaleza que evolucionó conviviendo en pequeños grupos donde la supervivencia de la comunidad dependía del apoyo mutuo, y donde las largas caminatas por la sabana en busca de alimento mantenían a los individuos ágiles, atléticos y flexibles hasta que una enfermedad oportunista, como una gastroenteritis por beber agua infectada o el ataque repentino de un depredador, terminaba repentinamente con su vida.

Hoy día, consideramos las muertes repentinas como un accidente, no la norma. La evolución no ha tenido tiempo aún de adaptar el organismo humano a los nuevos nichos sociales. Así pues, la biomedicina ha venido a suplir a la evolución natural en el intento de adaptar el viejo individuo al nuevo mundo. El viejo individuo, con sus nuevos problemas y enfermedades derivadas de ese mundo anómalo caracterizado por el aislamiento social y el sedentarismo, desarrolla enfermedades nuevas e insólitas que combate con lo único que tiene y que conservará siempre: el ingenio. El ingenio para desarrollar avances científicos que han convertido las muertes repentinas en un accidente y han cronificado enfermedades que hace tan solo unas décadas eran muerte segura.

En este contexto de atomización y sedentarismo del individuo es donde se puede entender que el mantenimiento de un estilo de vida saludable, aunque, evidentemente, no es imposible, para muchos puede rozar lo heroico. Así que, como consecuencia de todo lo anterior, nos encontramos con la doble paradoja, por un lado, de que la biomedicina hegemónica, con sus parámetros biológicos que definen la enfermedad, lo que trata de hacer es restaurar los estragos derivados de un contexto social que dificulta la práctica de estilos de vida saludables, y, por otro, de que el grueso de los presupuestos en investigación, como se indicaba más arriba, no van destinados a modificar los contextos sociales que son causa de la enfermedad, sino al avance de modelos biomédicos para reparar los daños causados. La consecuencia final de todo esto es una sociedad de «enfermos cronificados». Con una esperanza de vida mayor, eso sí, pero también con una serie de problemas asociados que plantean retos hasta ahora imprevisibles.

Hemos visto en el capítulo anterior las consecuencias del envejecimiento de la población. Un mundo de personas mayores sin jóvenes que puedan estar con ellos y aprender de ellos, es un mundo triste. La reclusión de los ancianos en instituciones premortuorias es también insólita en la historia de la humanidad. En las sociedades primitivas (que no culturalmente retrasadas), los ancianos son los guardianes del conocimiento. En nuestra sociedad son los entorpecedores del progreso y del desarrollo personal, cada vez más individualizado e individualista. La atomización social predice que la depresión será uno de los males generalizados de los próximos años. En estas sociedades esclerotizadas en las que se invierte en el estudio y tratamiento de los síntomas en lugar de hacerlo en el cambio de los ecosistemas sociales en los que los individuos con síntomas deben vivir, estamos consiguiendo individuos muy longevos, pero también muy enfermos y, lo que es peor, muy solitarios y aislados.

Actualmente, el gasto en medicamentos en España supone el 18% del coste total en salud, lo que implica unos 20 000 millones de euros, equivalentes a unos 400 euros por persona al mes, cifras que constituyen el 1.6% del producto interior bruto del país. Podría decirse que nuestras sociedades son sociedades medicalizadas. Sea como fuere, vivimos en donde vivimos, y de ahí no podemos escapar. Las consecuencias finales de la medicalización y de la cronicidad es que afectan a la calidad de vida del individuo, lo único a lo que aferrarse que pueda dar sentido a su existencia.

¿QUÉ ES LA CALIDAD DE VIDA?

En este contexto tan peculiar nace una nueva disciplina, cada vez más en auge y cada vez más considerada por la biomedicina, que entiende la salud de una manera más integral que el mero abordaje clínico de los síntomas y en la que estos son solo una parte más y no necesariamente la más importante de la salud general. Además, comprende aspectos subjetivos que son más difícilmente cuantificables que los meros parámetros clínicos.

Esta forma de entender la salud se denomina calidad de vida relacionada con la salud (CVRS). La CVRS toma en cuenta todos los aspectos desarrollados en las páginas previas, incluyendo factores psicológicos, psicosociales, culturales e incluso espirituales o de actitudes y valores. Además, la CVRS va más allá de la biomedicina, ya que en ella juega una parte importante el autocuidado, que consiste en la forma en la que cada persona gestiona su salud, un concepto que es diferente de la automedicación.

La automedicación es el concepto que ha acuñado la biomedicina para tratar de apropiarse del autocuidado, pero la diferencia no siempre es evidente. En España, donde no existen programas de cannabis medicinal, las prácticas en las que los pacientes utilizan cannabis para sentirse mejor serán calificadas por los médicos como automedicación, ya que los usuarios están tomando un producto que no está respaldado por la prescripción de un médico.

Sin embargo, en los países en los que está legalizado el cannabis medicinal, donde los pacientes no lo utilizan para paliar unos síntomas concretos sino simplemente para sobrellevar mejor su enfermedad, estos mismos médicos se referirán a estas prácticas como autocuidado. La diferencia entre autocuidado y automedicación puede estar, por tanto, definida no por la práctica concreta en sí, sino por el sistema político en el cual tiene lugar la práctica. En lo que se refiere a lo expuesto en este libro, el autocuidado con cannabis sería un recurso más de los que utilizan los pacientes para mejorar o mantener una calidad de vida lo más óptima posible.

En 1994, la OMS definió la calidad de vida como:

> *la manera en que el individuo percibe el lugar que ocupa en el entorno cultural y en el sistema de valores en que vive, así como en relación con sus objetivos, expectativas, criterios y preocupaciones. Todo ello*

matizado, por supuesto, por su salud física, su estado psicológico,
su grado de independencia, sus relaciones sociales, los factores
ambientales y sus creencias personales.

Y explicaba:

Basada como está en esos elementos subjetivos, la descripción de la
calidad de vida de un individuo no debería reflejar la opinión de los
profesionales sanitarios ni de los miembros de su familia, como tampoco
tiene que ver con la medición objetiva de la condición o las posesiones
personales. Así pues, no se ha de tener en cuenta el monto absoluto o
relativo de los ingresos, sino el grado de satisfacción que proporcionan
esos ingresos. De modo análogo, no se tomará en consideración el número
de horas de sueño, pero sí se considerará a estos efectos todo problema
que se le plantee al individuo en relación con el sueño. La evaluación
de la calidad de vida debe basarse en una amplia serie de criterios
y no en un solo aspecto como puede ser el dolor. Cuando lo haya, la
calidad de vida se evaluará estudiando el impacto de ese dolor en la
autonomía individual y en la vida psicológica, social y espiritual del
individuo, en vez de centrar la atención exclusivamente en el dolor en sí.
Evidentemente, también habrán de tomarse en consideración los aspectos
positivos de la vida.

De la conceptualización de la calidad de vida realizada por la OMS
se derivan, pues, tres aspectos de suma importancia:

1. El óptimo funcionamiento de la biomáquina ya no es lo central en el concepto de salud, sino la percepción *subjetiva* de su salud por parte del enfermo. Es decir, cómo este entiende, convive con, siente, experimenta y percibe su salud y su enfermedad. Se pasa, por tanto, de hablar de salud a hablar de bienestar.

2. La salud, y por ende el tratamiento, ya no están *centrados* en la enfermedad, sino en el paciente o persona. La enfermedad y la salud no son, con ello, el objetivo del abordaje de las eventuales intervenciones médicas, sino el bienestar de la persona. Y dentro del bienestar de la persona forman una parte muy importante no solo los eventuales tratamientos o intervenciones médicas, sino también

las estrategias de autocuidado que las personas practican autónoma, libre y responsablemente de acuerdo con sus criterios personales, y no bajo criterios de autoridad, sea esta médica, política, legal o de cualquier otro tipo condicionante. Por supuesto, el consejo médico debe efectuarse y realizarse, pero en diálogo con las personas y dando prioridad por encima de todo a su autonomía.

3. Por tanto, el consejo, el tratamiento y las intervenciones médicas no deben basarse de forma exclusiva en los parámetros objetivos resultantes de las pruebas y diagnósticos médicos, sino, principalmente, en las creencias, los valores y las preocupaciones trascendentales de los individuos, los cuales deben quedar convenientemente contemplados.

A pesar de que la calidad de vida es un concepto que depende, como ya se ha explicado, enteramente de la subjetividad de las personas (de lo que sienten, de lo que piensan, de lo que creen, de lo que anhelan, etcétera), ello no quiere decir que la CVRS no pueda «medirse». Es más, una medición de la CVRS ayuda al personal sanitario a comprender mejor la situación de la persona y, sobre todo, ayuda a los estudios científicos en los que se pretende conocer mejor el resultado de una intervención, sea del tipo que sea: médica, farmacológica, psicológica, espiritual, etcétera. Por tanto, permite comprender mejor los procesos que las personas atraviesan cuando están enfermas, lo que a su vez es de mucha utilidad para la elección de la estrategia terapéutica más adecuada.

La medición de la CVRS también permite documentarla y evaluarla en poblaciones concretas, por ejemplo en personas mayores o colectivos específicos —niños con epilepsia, jóvenes con leucemia...—, así como comprender mejor las diferencias culturales que puede haber entre esos mismos colectivos en función de si viven en áreas rurales o urbanas, en países diferentes, etcétera. En definitiva, la medición de la CVRS permite tomar decisiones personalizadas y ajustadas a las necesidades concretas de cada persona.

En este sentido, el grupo de trabajo de la OMS para el estudio de la CVRS ha establecido una serie de puntos de consenso respecto a cómo deben ser las medidas:

1. Subjetivas: deben recoger la percepción subjetiva del impacto de la enfermedad sobre el paciente, el cual se encuentra influenciado por sus experiencias, creencias y expectativas.

2. Multidimensionales: deben revelar diversos aspectos de la vida del individuo, en los niveles físico, emocional, social, interpersonal, espiritual, etcétera.

3. Deben incluir sentimientos positivos y negativos.

4. Deben registrar la variabilidad en el tiempo: la edad, la etapa vital que se atraviesa (niñez, adolescencia, edad adulta, madurez) y el estadio de la enfermedad que se padece marcan diferencias importantes en los aspectos que se valoran.

Por ello, toda medida de la calidad de vida debe contemplar, de acuerdo con la OMS, al menos siete dimensiones:

1. Funcionamiento físico: grado en que la salud limita las actividades físicas, como el cuidado personal, andar, subir escaleras, cargar peso y los esfuerzos moderados e intensos.

2. Funcionamiento emocional: grado en que el sufrimiento psicológico, la falta de bienestar emocional, la ansiedad y la depresión interfieren en las actividades diarias.

3. Funcionamiento social: grado en que los problemas de salud física o emocional interfieren en la vida social habitual, con la familia, amigos y vecinos.

4. Rol funcional: grado en que la salud interfiere en el trabajo y otras actividades diarias, incluyendo el rendimiento y el tipo de actividades comunitarias.

5. Funcionamiento cognitivo: grado en que los problemas cognitivos interfieren en el trabajo o en las actividades diarias.

6. Percepción de salud general y de bienestar: valoración personal de la salud que incluye salud actual, perspectivas y resistencia a enfermar.

7. Síntomas específicos de cada enfermedad.

De lo anterior se desprende que en la conceptualización de la salud y la enfermedad, desde la perspectiva de la calidad de vida, los síntomas específicos de la enfermedad son solo uno de los siete aspectos que deben tenerse en cuenta a la hora de comprender y abordar las enfermedades y su tratamiento.

En los capítulos anteriores dedicados a las posibles aplicaciones médicas actuales y futuras del cannabis, nos centramos en su eventual utilidad en el tratamiento de enfermedades concretas, o en el abordaje específico de síntomas. Sin embargo, si entendemos la práctica médica desde la perspectiva de la CVRS, es probable que la mejor utilización del cannabis sea precisamente para mejorar la calidad de vida de las personas. Y en esta conceptualización del cannabis se incluye la utilización del mismo desde el punto de vista del autocuidado y, en definitiva, su consideración como un elemento más de bienestar de las personas, con independencia del grado de salud o de enfermedad que padezcan, si es que padecen alguna. Desde la perspectiva de la CVRS, el cannabis no puede sino considerarse un elemento saludable más que utilizan las personas para mantener, mejorar y alcanzar su mejor bienestar posible.

En 2013, la Resolución 24/6 del Consejo de Derechos Humanos de la Organización de Naciones Unidas (ONU) declaró como derecho humano fundamental «el derecho de toda persona al disfrute del más alto nivel posible de salud física y mental». En 2017 se publicó un informe en el que se planteaban las dificultades y los logros por parte de los Estados a la hora de proteger dicho derecho, además de formular una serie de recomendaciones a los Estados y a todas las partes interesadas con el fin de avanzar hacia sistemas de salud mental que se basen en los derechos humanos y los respeten.

Si, llegados hasta aquí seguimos considerando el cannabis como una fuente de salud, no solo para el tratamiento de muchos síntomas y enfermedades, sino como fuente de bienestar personal, es claro que su prohibición está vulnerando los derechos humanos fundamentales de los ciudadanos y ciudadanas del planeta. En el caso concreto de las personas con enfermedades, la no instauración de programas de cannabis medicinal es una vulneración de dichos derechos que afecta de manera específica a colectivos vulnerables y de especial riesgo, como es el caso de personas con enfermedades físicas y/o mentales, así como de numerosas personas en riesgo de exclusión social que se benefician del uso del cannabis para tratar de combatir los embates de la vida cotidiana y que por ello son perseguidas, sancionadas y castigadas.

Concretamente, estoy pensando ahora mismo en las Metzineres, un colectivo de Barcelona que trabaja con mujeres en situación de alta exclusión social, que usan drogas y que están expuestas a situaciones cotidianas de violencia. Ya hemos visto cómo el cannabis es utilizado, en los países en los que existen legislaciones sobre cannabis medicinal, como sustitución de drogas con más riesgos asociados; y también hemos visto cómo las mujeres, no necesariamente en situación de riesgo social, utilizan drogas legales como mecanismos de adaptación a medios sociales hostiles. Para muchas de estas mujeres en situación de exclusión social y con multitud de traumas, el uso del cannabis no es una forma más de adicción, sino de supervivencia.

Tanto si se trata de enfermos crónicos como de usuarios adultos sin problemas especiales más allá de los derivados de la cotidianeidad —que no es poco—, de la legítima búsqueda del hedonismo personal o de la mitigación del dolor psicológico fruto de una vida plagada de traumas, la mejora de la CVRS con el uso del cannabis es un elemento más del que muchas personas echan mano para llevar una vida lo más digna y placentera posible, más allá de los beneficios fisiológicos que su uso pueda tener de cara a paliar los síntomas de muchas enfermedades y procesos mórbidos. El Dr. Ethan Russo declaraba en un artículo reciente que la CVRS debe ser una medida esencial en todos los estudios y tratamientos en los que se evalúe la eficacia del cannabis. En lo que resta de este capítulo explicaremos las evidencias científicas que nos permiten considerar que el cannabis puede mejorar la calidad de vida de las personas enfermas y, por tanto, contribuir a alcanzar este derecho fundamental que acabamos de describir y que considero necesario recalcar y, por tanto, repetir: el derecho de toda persona al disfrute del más alto nivel posible de salud física y mental.

EVIDENCIAS DEL USO DEL CANNABIS PARA MEJORAR LA CALIDAD DE VIDA

El aspecto subjetivo de la enfermedad, de la salud y del bienestar, como se viene defendiendo en este capítulo, es el factor esencial que debe tenerse en cuenta en todo abordaje médico y, obviamente, psicológico. Y no debe olvidarse que en todo abordaje médico, por muy mecánico que este pueda este llegar a ser, siempre hay un componente de intervención psicológica que es tan esencial que puede marcar el logro de aquel.

En este sentido, y en el contexto de los riesgos psicológicos que puede implicar el cannabis (tema que se abordará en el capítulo final, titulado «Diez mitos y realidades con relación al cannabis»), el Dr. Franjo Grotenhermen afirma en su libro *Cannabis como medicamento*: «Si se emplea el cannabis como medicamento, el peligro de que se desarrolle una dependencia psíquica es mínimo. La alteración temporal del estado de ánimo, el distanciamiento frente al dolor y al sufrimiento o el logro artificial de una sensación de felicidad tienen sentido cuando se trata de enfermedades graves, pues da fuerza a los enfermos y su vida cobra valor por sí misma».

Si compartimos las palabras del Dr. Grotenhermen, el tratamiento con cannabis para mejorar la CVRS y el bienestar va más allá de una simple cuestión médica o de bienestar, ya que tiene que ver con cuestiones más superiores, importantes y trascendentes, como es el sentido de la vida. Por tanto, la importancia de estudiar y promover la calidad de vida y el bienestar es máxima. Ya no se limita a una cuestión médica, ni de derechos humanos fundamentales, sino que también es una cuestión de valores; es decir, engloba todo el conjunto de creencias sobre la vida que dirigen en la persona su ser y estar en el mundo.

El lector quizás entienda ahora mejor por qué he dedicado, en un libro sobre cannabis medicinal, el mayor espacio, atención y detalle a algo que se suele considerar superficialmente como un aspecto menor dentro del ámbito de la salud. Comprender cómo el cannabis mejora el bienestar es ayudar a las personas a convivir mejor consigo mismas, con las personas que las rodean, con su ambiente social y su ecosistema y, en definitiva, a ser más felices. Algo que, por definición, está por encima de cualquier parámetro biomédico, por muy importante que este sea.

En 2017 se publicó la primera revisión sistemática con metaanálisis sobre cannabis y calidad de vida. De los más de 8000 artículos que cumplían inicialmente con los criterios de búsqueda bibliográfica, solo en 20 de ellos se había medido el efecto del cannabis medicinal sobre la calidad de vida. De esos 20, 6 se referían a cannabis, 7 a Sativex®, 3 a nabilona, 2 a dronabinol, 1 a un extracto de cannabis que contenía THC y CBD y un último estudio a un cannabinoide sintético llamado dexanabinol. De los seis estudios en los que se utilizó cannabis, cinco eran de calidad baja o incierta, y el sexto, aunque se trataba de un ensayo clínico bien diseñado, incluía en su muestra solo a 23 pacientes. Con respecto a los estudios en los que se utilizaron cannabinoides, 8 de los 14 eran de calidad baja o incierta y 10 de ellos eran estudios clínicos.

Un aspecto muy importante desde un punto de vista metodológico a la hora de valorar la extrapolación de los resultados de esta revisión sistemática con metaanálisis a la práctica clínica, es que la medición de la calidad de vida se consideró una variable principal en menos de la mitad de los estudios, y en ningún estudio se hizo un seguimiento a largo plazo de la calidad de vida. Explicaremos más adelante las consecuencias prácticas de estos dos hechos.

Los autores de este estudio no encontraron una relación significativa entre el uso del cannabis o cannabinoides y la calidad de vida. En algunos de los trabajos analizados se observó una asociación, en otros esta asociación era débil y en otros más era negativa (de hecho, los sujetos empeoraban en calidad de vida). Las puntuaciones en calidad de vida dependían del momento en el que se administraba el cuestionario, y este no era el mismo en todos los estudios. Tampoco las medidas utilizadas en la medición de la calidad de vida eran las mismas en todos los estudios.

En el metaanálisis que estamos comentando, más de la mitad de los estudios analizados no estaban diseñados específicamente para medir los efectos del cannabis o cannabinoides sobre la calidad de vida, un problema metodológico que puede acarrear la contradicción en los resultados entre estudios, como reconocen los autores del trabajo cuando discuten sus resultados en el artículo. Otra limitación en la interpretación de los resultados, como ya se ha dicho, estriba en que no se ha utilizado una escala común a todos los estudios y, por tanto, esta variabilidad en las mediciones también puede ser un efecto de la variabilidad de las escalas. El hecho de que no se hiciera un seguimiento más allá del tratamiento en casi todos los estudios analizados tampoco permite saber si, más allá del tiempo de estudio y fuera del mismo, los pacientes empeoraron su calidad de vida al no disponer ya de cannabis, algo muy importante para poder valorar los efectos de un tratamiento en enfermos crónicos.

Pero, en cualquier caso, y pese a esta falta clara de resultados, con todas las limitaciones metodológicas asociadas ya comentadas, sí se encontraron algunas conclusiones interesantes, las cuales también hay que tomar con precaución. Los estudios que con mayor claridad mostraron un impacto positivo en la CVRS fueron los que incluyeron sujetos con síntomas de dolor, como dolor neuropático, esclerosis múltiple, dolores de cabeza y dolor por enfermedad intestinal inflamatoria. Más concretamente, el dolor y la alteración del sueño mejoraron en sujetos con dolor neuropático. Otro resultado interesante fue que en los estudios en los que se utilizó cannabis se detectó una mejoría mayor que en los estudios en los que se utilizaron cannabinoides puros.

Estos resultados se han visto confirmados en otra revisión sistemática con metaanálisis realizada también en 2017, pero esta vez específicamente sobre pacientes con dolor crónico neuropático: se advirtió un efecto claro del cannabis y los cannabinoides sobre la mejora de la calidad de vida en general, con un efecto específico sobre la mejora de la calidad del sueño. Al igual que ocurría con el metaanálisis descrito anteriormente, los problemas metodológicos eran similares, sobre todo el hecho de que la calidad de vida no se consideró como variable principal en la mayoría de los estudios.

Hay dos razones por las que la calidad de vida no se suele considerar una variable principal en los estudios sobre los efectos médicos del cannabis. La primera es obvia: el objetivo principal de todo tratamiento médico sigue siendo la reducción de los síntomas y, por tanto, raramente se van a diseñar estudios en los que el objetivo principal sea el efecto del cannabis sobre la calidad de vida.

En segundo lugar, como ya se ha mencionado con anterioridad, los factores subjetivos tienen mucha variabilidad en la población, precisamente por su naturaleza subjetiva. A la hora de calcular el tamaño de la muestra para poner a prueba un tratamiento concreto se utiliza la variabilidad del síntoma que hay que estudiar en la población general. Cuanto más preciso y objetivo sea un marcador, menos variabilidad tendrá entre la población general, lo cual se debe a que el marcador está muy bien determinado. Esa es la razón de que se conozcan muy bien los niveles de riesgo de mediciones como la presión arterial o el índice de colesterol.

En cambio, otras mediciones, como el grado de dolor y la calidad de vida, que dependen exclusivamente de la subjetividad, son más resbaladizas y altamente variables entre humanos, de ahí su difícil determinación. Al haber tanta variación individual, se necesitan muestras tan grandes que los estudios clínicos son prácticamente inasumibles desde un punto de vista económico. Por esta razón, las variables más subjetivas se incluyen como variables secundarias, que sirven en cierto modo como orientación clínica, pero sin darles ninguna relevancia estadística. Por eso, realizar análisis estadísticos, como hacen los metaanálisis, sobre variables secundarias enrarece, más que aclara, la interpretación de los resultados.

Es en este contexto en el que hay que hacer estudios poblacionales, preguntando a los pacientes sobre los indicadores que miden la calidad de vida, o directamente tomando en consideración el juicio clínico, para poder definir el efecto del cannabis sobre la calidad de vida. Poco pueden aportar en este sentido los estudios clínicos controlados, necesariamente limitados porque las variables subjetivas requieren de muestras amplias que harían que dichos estudios fueran costosísimos si aquellas se incluyeran como variables principales de estudio.

Resultados de diversos estudios sobre el efecto del cannabis en la calidad de vida

Expondremos a continuación algunos ejemplos de estudios en los que se ha evaluado la calidad de vida —con resultados satisfactorios— en pacientes con diversas enfermedades. Estos resultados satisfactorios no implican que el cannabis mejore la calidad de vida de todo el mundo ni en todas las patologías; ya hemos visto que los metaanálisis presentan resultados no concluyentes. Además, es una práctica habitual en el campo de la ciencia médica que se tiendan a publicar estudios que descubren resultados positivos, lo que conlleva un sesgo a la hora de interpretar la eficacia de una intervención. Sin embargo, el hecho de que el cannabis sea una medicina tan poco tóxica y que pueda beneficiar a mucha gente ya es motivo suficiente para incluirla dentro del arsenal terapéutico, bien como indicación para un síntoma y/o enfermedad específica, bien como herramienta de bienestar y de mejora de la calidad de vida. Su baja toxicidad justifica que aquellas personas que puedan beneficiarse de su uso lo hagan.

Los países con programas de cannabis medicinal o que tienen legalizado el cannabis con fines médicos son una fuente muy interesante de obtención de información sustentada en la realidad de los pacientes. En un estudio publicado en 2011 basado en una encuesta realizada a más de 1700 pacientes pertenecientes a nueve dispensarios de California, se descubrió que las principales razones por las que los pacientes utilizaban cannabis eran para *aliviar* el dolor, los espasmos musculares, los dolores de cabeza, la ansiedad y la depresión; para *mejorar* principalmente su calidad de sueño, así como el apetito y la concentración; para *prevenir* los efectos secundarios de las medicinas de prescripción y la irritación (algo comprensiblemente consustancial a una enfermedad crónica), y como *sustituto* de los fármacos de prescripción (hasta un 50% de los encuestados lo utilizaba para este fin). Además, los pacientes habían probado un abanico de tratamientos, entre convencionales y alternativos, antes de terminar utilizando cannabis. Cuatro de cada cinco (79.3%) habían probado otros medicamentos de prescripción (de los cuales casi la mitad eran opiáceos), aproximadamente la mitad (48.7%) había probado la fisioterapia, más de un tercio (36.3%) había hecho lo propio con la quiropráctica, y casi un cuarto (22.3%) refirió haber recurrido a la cirugía.

Investigaciones de este tipo no han cesado de aparecer cada año desde este estudio pionero, replicándose una y otra vez los mismos resultados. Como se ha explicado en el capítulo 5, un resultado que aparece de manera consistente es la utilización del cannabis como sustituto de fármacos de prescripción médica, sobre todo analgésicos, ansiolíticos y antidepresivos, y también para combatir los efectos secundarios de otros fármacos. Este hecho ya supone por sí mismo un elemento esencial en la mejora de la calidad de vida de pacientes con enfermedades crónicas.

Por otra parte, como se veía en el estudio recién comentado (y esto es algo a lo que volveremos hacia el final del presente capítulo), la mera existencia de un programa de cannabis medicinal no implica que los pacientes vayan a acudir de inmediato a por cannabis para tratar su condición. El estigma que pesa sobre el cannabis como droga también lo tienen interiorizado muchos pacientes, que solo en condiciones desesperadas recurren a él como medicina.

En consecuencia, cuando evaluamos los estudios poblacionales, en muchos casos estamos mostrando resultados relativos a personas que se encuentran en condiciones muy extremas de desesperación y que han decidido utilizar cannabis ante la falta de alivio con otros tratamientos. Quizás porque en estos pacientes el cannabis funciona mejor, en los estudios basados en encuestas se hallan generalmente resultados muy positivos.

Si nos centramos en enfermedades concretas, también hay numerosos estudios en los que se ha seguido a pacientes que utilizan cannabis, o bien se han hecho ensayos clínicos evaluando la calidad de vida. Sin pretender realizar una revisión sistemática ni exhaustiva de todos los estudios, simplemente mencionaré algunos de ellos a modo ilustrativo.

En un estudio realizado en pacientes con carcinoma de células escamosas de cabeza y cuello tratados con radioterapia se encontró un 100% de beneficio en la calidad de vida en una muestra de 15 pacientes que utilizaron cannabis mientras se los sometía a tratamiento. En concreto, toleraron mejor los efectos de la radioterapia y el cannabis les proporcionó beneficios en lo relativo a los síntomas de la depresión, el dolor, la pérdida de apetito o los espasmos musculares, y los pacientes refirieron, en general, que el uso de cannabis les había ayudado a sobrellevar los efectos secundarios a largo plazo de la radioterapia.

Un estudio específico en el que se evaluaron diferentes aspectos de la calidad de vida en pacientes con dolor crónico tras seis meses de tratamiento, comparando las puntuaciones con las obtenidas antes de iniciar el mismo, encontró una mejoría significativa en los síntomas del dolor, en las relaciones familiares y sociales, en el efecto emocional que tenía la enfermedad sobre ellos y en la calidad del sueño. No se encontraron diferencias entre antes y después del tratamiento en cuanto al efecto sobre el dolor en la parte alta y baja del cuerpo. El principal resultado, y el más espectacular, fue el relacionado con la satisfacción con el tratamiento: de hecho, un 44% de la muestra sustituyó el uso de opiáceos por el cannabis.

Un estudio parecido al anterior, esta vez sobre la enfermedad intestinal inflamatoria, pero fijando la evaluación tres meses después de iniciado el tratamiento (en lugar de seis), encontró que los pacientes mejoraron en la percepción general de su propia salud, en su funcionamiento social, en su capacidad de trabajo, en la percepción del dolor físico y en las puntuaciones de depresión. Mejoraron 3 puntos en una escala de percepción subjetiva del dolor, mejoraron su índice de masa corporal y la puntuación en un indicador específico de la enfermedad (índice de Harvey-Bradshaw) se redujo en 6 puntos.

En un estudio realizado en España con pacientes de fibromialgia se comparó a dos grupos de mujeres, uno usuario de cannabis y el otro no. En lo que respecta a diferencias generales de la calidad de vida entre ambos grupos, se constató una mejora en las puntuaciones de salud mental, pero no en otros componentes de la calidad de vida. También se evaluó el efecto del cannabis antes y dos horas después de haberlo consumido en el grupo de mujeres usuarias de este, lo que deparó una reducción estadísticamente significativa del dolor y la rigidez, un incremento de la relajación y un aumento de la somnolencia y la sensación de bienestar.

Tres ensayos clínicos publicados recientemente, en los que se comparaba Sativex® con un placebo en pacientes de cáncer avanzado con dolor crónico no aliviados con el tratamiento mediante opiáceos, han arrojado resultados positivos en cuanto a la mejora de la calidad de vida. Los pacientes a los que se añadía Sativex® a la terapia con opiáceos mostraron mejoras en las puntuaciones de insomnio, dolor y fatiga. El efecto positivo de Sativex® en la mejoría de la calidad de vida se ha visto también confirmado de forma sistemática tanto en ensayos clínicos como en estudios basados en la observación clínica continuada de la indicación para la que dicho medicamento está comercializado, que es el tratamiento de la espasticidad en enfermos con esclerosis múltiple (EM). El alivio sintomático de la espasticidad de la EM en los pacientes que respondieron a Sativex® se asoció con mejoras cuantificables en la calidad de vida y las actividades diarias que se mantuvieron a lo largo del tiempo. Un aspecto muy importante es que los beneficios fueron percibidos tanto por los pacientes como por los cuidadores.

En el caso concreto del CBD, también empiezan a publicarse estudios en los que se demuestra su utilidad para la mejora de la calidad de vida en algunas enfermedades. Un estudio reciente ha corroborado dicho efecto en un ensayo clínico en el que se comparaba el CBD con un placebo para el tratamiento de la enfermedad de Parkinson, encontrándose resultados positivos únicamente en la medida de la calidad de vida. Así pues, aparte de reducir la aparición de crisis epilépticas, el CBD también ha demostrado una mejora de la calidad de vida en la citada patología, efecto evidenciado tanto en estudios clínicos como observacionales.

Como se ha venido repitiendo a lo largo de este libro, existen numerosos países con programas específicos de cannabis medicinal, o que simplemente tienen legislaciones positivas al respecto. Se calcula que en Estados Unidos hay más de dos millones de personas que utilizan cannabis con fines terapéuticos y, a fecha de 2016, en Israel había unos 25 000, en Canadá unos 45 000 y en Países Bajos unos 5000. El número de países con programas de cannabis medicinal no deja de aumentar y el negocio del cannabis medicinal se ha convertido en una actividad muy rentable.

Por otra parte, no aparecen noticias ni artículos especializados en los que se muestre que la legalización del cannabis medicinal esté suponiendo un problema de salud pública. Tampoco parece que los pacientes desarrollen tolerancia y dependencia con respecto a los efectos médicos del cannabis y, por tanto, no tienen que consumir cada vez más para conseguir los efectos buscados.

Utilizaremos un último ejemplo para demostrar cómo una regulación del cannabis medicinal no conduce a que de repente haya avalanchas de pacientes que lo busquen, ni tampoco a que con el tiempo los usuarios médicos aumenten la dosis (algo que, por lo general, tampoco ocurre entre los usuarios recreativos, como veremos en el capítulo siguiente): entre 2011, año en el que se inició el programa de cannabis medicinal en los Países Bajos, hasta 2016, la cantidad media de gramos por día utilizada por los pacientes se encuentra estabilizada entre 0.6 y 0.7 gramos/día. También se ha mantenido estable el número de días de uso, unos 250 al año. Además, estas cifras son extrapolables al cannabis herbal y al aceite, formato que surgió con más fuerza a partir de 2015.

Más allá de los estudios observacionales, de los ensayos clínicos y de los metaanálisis, el hecho de que haya una proporción importante de pacientes que utilizan cannabis y que no desarrollan conductas de abuso o de dependencia es un indicador claro de que lo utilizan simplemente porque les reporta beneficios. Mencionaremos como dato curioso que la media de consumo diario de cannabis medicinal es menor en los Países Bajos que en otros países. De acuerdo con una encuesta internacional en la que participaron pacientes de Estados Unidos, Alemania, Francia, Canadá, Países Bajos y España, el consumo medio diario en dichos países fue de 3 gramos/día, una cifra notablemente más alta que la de los Países Bajos, que, recordemos, estaba en los 0.6-0.7 gramos/día.

Se da la particularidad de que los Países Bajos tienen un programa de cannabis medicinal en el que el Gobierno elabora materiales informativos para los pacientes, y además existen los *coffee-shops*. Esto hace que los usuarios recreativos de cannabis no tengan que registrarse como pacientes, algo habitual en los estados norteamericanos en los que está legalizado el cannabis con fines medicinales: muchas personas se registran como pacientes sin serlo en realidad. Esto ocurría también en Canadá hasta que en 2018 se legalizó el uso integral de cannabis. En el caso holandés, los pacientes saben que estarán abastecidos con cannabis de calidad, que tendrán una información adecuada y que nadie necesitará hacerse pasar por paciente para conseguir cannabis. Este libre acceso, al contrario de lo que pudiera parecer, lejos de aumentar la prevalencia del consumo, parece reducirla, y no solo en el ámbito terapéutico, sino también en el uso adulto.

Más allá de la calidad de vida: cannabis, bienestar y espiritualidad

La tecnificación de las sociedades, la compartimentación, la alta especialización de los saberes y, sobre todo, la medicalización y la remisión a la psicología y a la psiquiatría de los problemas de la vida cotidiana han derivado en la apropiación de las conductas habituales por parte de los expertos. Así, en lo que al cannabis se refiere, su consumo recreativo se denomina *abuso*, su utilización con fines de autocuidado se llama *automedicación* y su utilización con fines médicos solo debe autorizarse si así se deduce de la evidencia científica.

Este fenómeno, consistente en basar cada decisión y comportamiento humano en lo que dicen los expertos, lo vemos en casi todos los aspectos de nuestra cotidianeidad, desde las horas semanales de ejercicio físico necesarias para tener protegido nuestro sistema cardiovascular hasta la dieta, pasando por las horas de sueño o las copas de vino recomendables en las comidas; todo ello en beneficio de lo saludable. Lo saludable ya no es lo que consideramos que nos sienta bien o que nos gusta. Lo saludable es lo que nos dicen los expertos que es saludable. Lo saludable se ha convertido en la religión del siglo XXI, los expertos de lo saludable en sus sacerdotes, las autoridades sanitarias en los tribunales de fe y los ciudadanos en los devotos feligreses.

Atentar contra la religión de lo saludable puede conducir al peor de los castigos: el estigma social. En el caso del cannabis y de otras drogas prohibidas, el estigma ya viene de fábrica: si son drogas prohibidas, es porque producen daños a la salud. Así pues, cualquier consumo es dañino por definición y da igual que las evidencias vayan en dirección contraria, como muchas de las presentadas en este libro.

Si usted quiere consumir cannabis, es posible que socialmente quede catalogado dentro de los dos principios recién enunciados: si lo hace con fines recreativos, estará practicando un abuso y puede ser considerado entonces un adicto; si lo hace como una forma de autocuidado, estará sustrayéndole al estamento médico su autoridad y por tanto realizando una práctica de automedicación, la cual, como tal, también es una variante más del abuso. Solo un uso bajo prescripción médica le librará del estigma, pero esta práctica, como hemos visto, es limitadísima hoy día en España.

En las sociedades llamadas primitivas (de *primigenio*) probablemente no había compartimentación entre medicina, recreación, bienestar e incluso espiritualidad. Es muy posible que todo formara parte de un mismo fenómeno, que no era divisible en partes más pequeñas. Sencillamente, recreación, bienestar, autocuidado, curación y espiritualidad (o tener creencias propias acerca de la organización de la realidad y el sentido de la vida) eran lo mismo, y cada práctica cultural relacionada con una sustancia psicoactiva evocaba dicho fenómeno englobando cada una de sus variantes. Solo en estos días, en nuestra visión del mundo compartimentada, separamos las diferentes fuentes de obtención de beneficio de las plantas psicoactivas. Para la tribu ancestral, esta separación simplemente era ajena a su forma de entender la realidad.

Uso del cannabis como fuente de bienestar

Sin embargo, aunque constituye un fenómeno poco estudiado, esta comprensión de la utilización de las plantas psicoactivas como fuente de bienestar en todos sus posibles aspectos a la vez nunca ha desaparecido, y se podría decir incluso que cada vez está más viva y presente en nuestra cultura. Si bien este fenómeno es más obvio en relación con plantas de uso chamánico tradicional como la ayahuasca o el peyote, con el progresivo cambio en las políticas del cannabis y la consecuente eliminación de su carácter estigmatizador, esta concepción del cannabis acorde con los orígenes de los usos de las plantas psicoactivas se está extendiendo progresivamente. Y es que, como ahora veremos, nunca desapareció del todo.

Por poner un ejemplo muy concreto, inmediato y reciente, la utilización del cannabis como fuente no solo de bienestar sino directamente de placer, y entendido su uso como algo saludable, muy lejos de la concepción habitual de adicción, se ha extendido entre los estados norteamericanos que lo han legalizado, tanto en su uso medicinal como recreativo —o, más específicamente, adulto—. En algunos de estos estados ya hay centros de *wellness*, término inglés que se usa, según Wikipedia, «para definir un equilibrio saludable entre los niveles mental, físico y emocional, obteniendo como resultado un estado de bienestar general».

El uso del cannabis en muchas de sus formas no fumables, sobre todo en cremas, pomadas, aceites para masajes, comestibles, vaporizado, etcétera, se ha incorporado a las líneas de productos de *wellness* y lo ha liberado del estigma de droga prohibida que produce locura y marginación social para convertirlo en un producto más para mejorar el bienestar general y la felicidad personal que se integra en estas clínicas y centros de bienestar tan cómodamente junto al yoga, el pilates, la meditación, los masajes, las saunas y los baños aromáticos. Una búsqueda en Internet con las palabras «cannabis y *wellness*» proporcionará al lector o lectora interesados en el tema material de sobras para profundizar al respecto.

Uso espiritual y religioso del cannabis

Por último, no me gustaría terminar este capítulo sin referirme a un uso que va más allá del puramente hedonista y del no menos loable de fuente de bienestar personal: me refiero a un uso del cannabis relativamente desconocido por parte del público general como es el espiritual. El uso espiritual y religioso del cannabis es tan milenario como su uso médico, y es posible que antes de su aparición en la farmacopea china como medicina para tratar enfermedades concretas (el registro más antiguo del uso de cannabis como medicina se encuentra en la farmacopea del emperador chino Shennnog, que data de hace más de 4000 años) fuera utilizado en prácticas chamánicas donde la concepción de las enfermedades se entiende como proveniente del mundo espiritual. La penetración del chamán en este mundo espiritual, ayudado por plantas que producen estados de trance, es la forma de devolverle al enfermo su bienestar, que no es otra cosa que restablecer el orden social alterado. Igual que en el mundo indígena no existe disociación entre salud, recreación y espiritualidad, tampoco existe entre individuo y comunidad.

Las evidencias del uso del cannabis en rituales chamánicos se remontan a épocas neolíticas en el noroeste y centro asiático (2700 a. C.), en una región en la que hoy se localizaría China. Los Vedas, que son los textos religiosos del hinduismo, datados aproximadamente en el 2000 a. C. y considerados los textos religiosos más antiguos del mundo, relatan el uso del cannabis como néctar divino y atribuyen a la planta propiedades de alegría, felicidad, coraje, liberación, buena suerte y aumento de la libido.

En el hinduismo, el cannabis es consagrado al dios Shiva y considerado la bebida favorita del dios Indra. Los *sadhus*, hombres santos que llevan una vida dedicada a la espiritualidad austera, fuman cannabis. El *bhang*, una bebida elaborada con cannabis, es ampliamente consumida en la India durante la celebración de grandes festivales religiosos. Por lo que respecta a la Península Ibérica, ya mencionamos en la introducción que el uso social del cannabis se remontaba unos quince mil años atrás.

El cannabis también es utilizado en el budismo tántrico para intensificar la meditación y elevar la conciencia. Entre los tibetanos es considerado una planta sagrada, y en el budismo Mahayana se utiliza durante las prácticas ascéticas para alcanzar la iluminación. También se ha utilizado históricamente en algunas prácticas espirituales musulmanas, en el zoroastrismo, en el judaísmo o en el taoísmo. El uso religioso del cannabis se ha documentado a lo largo de los tiempos y las culturas en países como China, Rusia, Mongolia o Kazajstán, y fue utilizado en el siglo IX a. C. en forma de incienso por los asirios.

Los escitas fueron los responsables de la difusión del cannabis por Europa y su uso está documentado en las civilizaciones griega y romana. Desde Asia Menor, el cannabis se expandió por África, posiblemente por influencia del islamismo, y se incluyó en la farmacopea de la vida espiritual de grupos étnicos africanos como los pigmeos, zulúes, lubas, hotentotes, bosquimanos, mfengus y sothos. El cannabis fue llevado por los europeos a México, Chile, Perú, Canadá y Estados Unidos y, con el paso del tiempo, fue incorporado a las prácticas médicas y chamánicas de las tribus americanas. El rastafarismo, una manifestación religiosa basada en ciertas interpretaciones peculiares de la Biblia que surgió en las décadas de 1920 y 1930 entre los afrodescendientes de Jamaica, y que actualmente está presente en numerosos países, utiliza el cannabis con finalidades políticas, medicinales y espirituales.

Para terminar con este breve repaso histórico de los usos espirituales del cannabis, algunos grupos provenientes de religiones brasileñas, hoy día presentes a nivel internacional, que utilizan como sacramento la ayahuasca —una decocción de plantas con efectos alucinógenos—, llaman a la marihuana «Santa María», utilizándola también de manera ritual en sus ceremonias.

Hemos visto que en la concepción de calidad de vida de la OMS se contempla como elemento esencial el sistema de valores en el que vive el individuo, siendo parte esencial de aquella sus creencias personales y su espiritualidad. El cannabis forma parte esencial hoy día del sistema de creencias y valores de muchos individuos, y, aunque pueda parecer raro, es un elemento de desarrollo espiritual para muchas personas, dentro y fuera de nuestro marco cultural. En un mundo globalizado, las culturas están experimentando un mestizaje como nunca antes había ocurrido en la historia de la humanidad.

El uso del cannabis como elemento integrador espiritual en muchas de estas culturas es claro y determinante. Y el derecho a elegir la espiritualidad, el sistema de creencias y a ejercer la libre conciencia por parte de los individuos es inalienable, forma parte de la salud integral de los mismos y así debe ser reconocido y respetado por los estados, porque, como hemos visto al inicio de este capítulo, el derecho al máximo disfrute de salud y bienestar es no solo una cuestión de salud pública de primera magnitud, sino un derecho humano fundamental.

DIEZ MITOS Y **REALIDADES** CON RELACIÓN AL **CANNABIS**

Hasta aquí hemos abordado aspectos referentes a los usos médicos del cannabis y a sus efectos beneficiosos para la salud, y hemos expresado algunas reivindicaciones con respecto a un cambio en las políticas del cannabis en un sentido regulatorio. Como seguramente habrá lectoras y lectores que echarán de menos un abordaje del tema del cannabis no solo desde el punto de vista de sus beneficios, sino también de sus eventuales riesgos, he dejado para el capítulo final este enfoque concreto en forma de preguntas y respuestas.

He seleccionado diez preguntas que, según mi criterio, son las que con más recurrencia aparecen cuando se inicia un debate sobre el cannabis, y las más relevantes también cuando se habla del cannabis en los medios de comunicación. Con seguridad, hay muchas más, tantas como potenciales lectores y lectoras, pero el espacio y el tiempo son limitados.

1. ¿PRODUCE ADICCIÓN EL CANNABIS?

Quizás esta sea la pregunta más inmediata que al lector poco familiarizado con la ciencia de las drogas le vendrá a la cabeza cada vez que se menciona el nombre de una droga, o la posibilidad de legalizarla: «¿Produce adicción?», como diciéndose a sí mismo: «Si produce adicción, es algo que no debe ser legalizado, ¿no?».

Vayamos por partes. Primero, que algo produzca o no adicción o daño para la salud no debe ser lo que motive su prohibición, sobre todo si, como ocurre en el caso del cannabis y de otras muchas drogas, la mayoría de los usuarios ni se hacen adictos ni realizan consumos problemáticos. Por otra parte, la adicción, en el caso de que esta ocurra, no es una cuestión de todo o nada, sino que depende de factores que no siempre son intrínsecos a la sustancia, sino a los patrones de consumo que se hacen de la misma (dosis, frecuencia de consumo, vías de administración, etcétera), a las características particulares de cada persona y a su contexto social.

Adicción es un término esquivo. Etimológicamente proviene del latín *addicere*, que alude a la inclinación fuerte hacia una conducta, buena o mala. Es a principios del siglo XIX cuando el término *adicción* empieza a tomar connotaciones peyorativas al referirse a apetitos mórbidos, hábitos socialmente desviados o conductas viciosas.

La primera vez que la palabra *adicción* se utiliza para referirse al consumo de una droga es con relación al café. El café ha sido probablemente la droga más vilipendiada a lo largo de la historia. Como ya se comentó en el capítulo 1, en la Rusia de los zares había castigos muy duros para los cafetómanos, que se recluían en cafés clandestinos para consumir compulsivamente la droga a pesar del daño moral y físico que tal vicio les podía provocar, por no hablar de las consecuencias legales tan dramáticas que sufrían si eran sorprendidos por la policía. En cambio, hoy día lo primero que a uno le ofrecen cuando acude a una reunión matutina (o vespertina) es un café.

Luego el término *adicción* no es atribuible exclusivamente a las drogas. De hecho, hay adictos no solo a las drogas, sino también a la comida, al juego o al sexo, por poner los ejemplos más habituales. Volviendo a la historia del concepto de adicción con relación a las drogas, es a principios del siglo XX cuando se utiliza dicho término para referirse al alcohol, y ya a mediados del siglo pasado se generaliza a todas las demás drogas prohibidas.

Como hemos visto en el capítulo anterior, el cannabis ha sido usado por numerosas culturas a lo largo y ancho del planeta y, sin embargo, solo la nuestra parece tener palabras para referirse a su capacidad para generar adicción. Esto da una primera pista en el sentido de que la adicción no es atribuible exclusivamente a la sustancia. Si así fuera, la prevalencia de consumo sería igual en todos los países, franjas de edad y género, lo cual no es el caso. Por ejemplo, en Italia ha consumido cannabis en el último mes el 6.9% de la población, mientras que a diario lo ha hecho el 1.7%; en los Países Bajos las cifras son del 3.3% y el 0.8%, respectivamente, y estas mismas cifras en el caso de Lituania son del 1.2% y el 0.1%, y en el de Grecia del 0.9% y el 0.1%.

Si nos centramos en España, un 31.5% de la población de entre 15 y 64 años ha consumido cannabis alguna vez en su vida, el 9.5% lo ha hecho en el último año, el 7.3% en el último mes y un 2.1% consume cannabis diariamente. Con respecto al género, el 13.3% de los hombres y el 5.6% de las mujeres entre 15 y 65 años han consumido cannabis en los últimos 12 meses. Y por edades, son los jóvenes entre los 25 y los 34 años quienes más lo consumen, siendo la prevalencia de consumo en el último mes del 15%. A medida que aumenta la franja de edad, la prevalencia de consumo disminuye progresivamente. Como ya hemos dicho, si la adicción fuera atribuible en exclusiva a la sustancia, la proporción de usuarios que mantienen el consumo sería transcultural, transgeneracional y transgénero. Y ese no es el caso. Obviamente, existen factores culturales, así como idiosincrasias personales, que hacen que se produzca un consumo mantenido en el tiempo y que este consumo pueda llegar a ser o no problemático.

Un término que podría delimitar el concepto poco específico de adicción es el de *dependencia*. La dependencia hace referencia a una respuesta fisiológica del organismo, que se ha acostumbrado al uso de una sustancia concreta, cuando esta sustancia no está presente. El ejemplo más claro es la dependencia a opiáceos: cuando el organismo se ha acostumbrado a recibir opiáceos, por ejemplo heroína, y no la recibe, aparece un cuadro de abstinencia que se manifiesta en forma de malestar físico. Hoy día sabemos que muchas adicciones en las que no se consumen sustancias también inducen cuadros de abstinencia tan fuertes como los que producen las propias sustancias, o incluso a veces más. Por ejemplo, los jugadores compulsivos desarrollan síntomas de abstinencia si se les impide jugar, síntomas que pueden llegar a ser tanto o más intensos que los de abstinencia por falta de una droga.

Esto quiere decir que tanto la adicción como la dependencia responden a patrones conductuales claros, como es el hecho de repetir una conducta hasta convertirla en hábito. Los psicólogos sabemos que la problemática de las adicciones no es tanto el efecto fisiológico que producen las sustancias como el patrón conductual, o hábito, asociado a su consumo.

Por tanto, la dependencia fisiológica tampoco es una característica exclusiva de las sustancias y por ello no debería ser un factor decisivo a la hora de juzgar y valorar si deben o no estar prohibidas. En el caso del cannabis, se sabe que la falta de este puede producir en los usuarios diarios un leve cuadro de abstinencia que se manifiesta en unos días de ansiedad y posible insomnio. No se trata de un cuadro tan molesto que pueda dificultar la vida cotidiana de la persona, como sí ocurriría en el caso de la abstinencia al alcohol o a la heroína.

Un estudio reciente ha constatado que el síndrome de abstinencia que tiene lugar al detener el uso del cannabis es menos frecuente e intenso en el caso de personas que lo usan con fines médicos y en aquellas mayores de 50 años, comparado con el que se manifiesta en personas jóvenes que lo usan con fines recreativos. Se estima que el 12% de los usuarios recreativos de cannabis presenta algún tipo de síntoma de abstinencia cuando deja el cannabis, principalmente ansiedad, insomnio e irritabilidad, que, como ya se ha dicho, se manifiestan con menos frecuencia e intensidad en los pacientes y en los mayores de 50 años.

El cuadro de abstinencia del cannabis sería más parecido al del tabaco, lo cual indica, como acaba de explicarse, que a lo mejor ese síndrome de abstinencia no tiene tanto que ver con el cannabis como con el hábito de fumarlo. En cualquier caso, es un cuadro de dependencia con una repercusión física menor que la que produciría un resfriado común y por la que todo usuario cotidiano de cannabis pasa en períodos más o menos habituales de su vida sin mayor trascendencia o importancia. Además, a diferencia de lo que ocurre con otras sustancias, este leve síndrome de abstinencia no deja secuelas orgánicas.

Por último, ¿qué sucede con el uso problemático? ¿Existe? Bueno, claro que existe, como existen conductas problemáticas con relación a otros hábitos instaurados en la vida cotidiana de las personas, desde conducir un coche hasta practicar deportes de riesgo sin tomar las precauciones necesarias. En España consumen diariamente cannabis alrededor de un millón de personas, lo cual no quiere decir que el consumo diario deba ser por fuerza un uso problemático.

El uso problemático de cannabis, como el de cualquier otra conducta, aparece cuando dicho uso interfiere negativamente con las tareas, actividades y obligaciones cotidianas de cada individuo. En esos casos, quizás haya otros factores que estén ejerciendo su influencia además del propio cannabis. Un estudio realizado en nuestro país con jóvenes usuarios de cannabis solo encontró un consumo problemático del mismo en aquellos que también tenían algún diagnóstico psiquiátrico. Esto indica que las razones para involucrarse en conductas problemáticas son difíciles de achacar a una sola causa, en este caso la sustancia. Las implicaciones de tal reduccionismo pueden derivar en el fracaso de los tratamientos de aquellas personas que experimentan problemas e inician tratamientos de deshabituación.

2. ¿PRODUCE DAÑOS CEREBRALES?

Las primeras evidencias que indicaban un daño cerebral del cannabis, esto es, un daño irreversible en las neuronas —un tipo de células que configuran las estructuras cerebrales—, datan de los años setenta, cuando un investigador, en un experimento con monos, observó en las autopsias un daño neuronal irreversible tras haberles administrado el equivalente a fumar 30 porros diarios durante 90 días seguidos. Con independencia de lo exagerado que sería fumar tal cantidad de marihuana diariamente, una investigación posterior acerca de este estudio descubrió que en realidad lo que había hecho el investigador fue administrar, utilizando una mascarilla, el equivalente a 63 porros en 5 minutos. La atrofia cerebral de los monos se debió más probablemente a la inhalación de monóxido de carbono que a la propia acción de la marihuana.

Como se ha explicado en el capítulo 7 de este libro, el cannabis es neuroprotector, neurorreparador y neurorregenerador, es decir, produce efectos contrarios a los neurotóxicos. En la mayoría de los estudios es difícil encontrar diferencias en cuanto a rendimiento cognitivo entre usuarios y no usuarios tras un mes sin consumir, lo cual indicaría que no existe un deterioro en el rendimiento, al menos en el plano funcional (de ejecución).

Con relación a lo observado en el cerebro físico, las únicas evidencias que tenemos son las provenientes de estudios de neuroimagen. El efecto más consistente encontrado hasta ahora ha sido una reducción del hipocampo, una estructura implicada en los procesos de memoria. Pero la reducción del hipocampo también se ve en procesos psicopatológicos, como la ansiedad o la depresión, y se correlaciona con los niveles de estrés, ya que las hormonas del estrés son tóxicas para el hipocampo. Por tanto, los resultados de los estudios realizados en países donde hay una persecución legal hacia los consumidores pueden estar sesgados como consecuencia de los efectos del estrés derivado de dicha persecución legal, además de los efectos del propio cannabis, en el caso de que este los produzca.

Un estudio reciente que comparaba a consumidores sin dependencia con no consumidores y con consumidores con dependencia solo encontró alteraciones en el hipocampo en los consumidores dependientes. Ya hemos visto en el punto anterior que la dependencia del cannabis es poco habitual y que cuando se produce encierra otros problemas de base. Los efectos encontrados en el hipocampo de las personas dependientes del cannabis pueden estar reflejando también la existencia de otros problemas subyacentes.

En cualquier caso, la reducción del volumen del hipocampo encontrada en personas dependientes del cannabis, o en personas con ansiedad crónica o con depresión, no implica la presencia de un daño, ni tampoco es irreversible en caso de que este se produzca. Es una respuesta a la situación de estrés en la que vive la persona, lo cual, en el caso de las personas dependientes del cannabis, puede estar reflejando su condición vital, sea o no causada directamente por el uso de cannabis. Cuando las personas reciben tratamiento o su situación vital se normaliza, sus hipocampos se normalizan también, volviendo a su volumen original. Ello prueba, como se ha dicho antes, que o no hay daño o este no es irreversible. Se trata más bien de una neuroadaptación a una situación de estrés.

Asimismo, el hipocampo es una de las pocas estructuras cerebrales en las que se produce neurogénesis, esto es, producción de nuevas neuronas, a lo largo de toda la vida. De ahí que las alteraciones causadas por avatares vitales (y no, por ejemplo, por una lesión fruto de un accidente) sean reversibles. Por último, se ha demostrado que a dosis apropiadas el cannabis promueve la neurogénesis en el hipocampo, e incluso se ha observado que revierte en parte el envejecimiento cerebral en ratas ancianas a las que se les ha administrado THC.

Estos efectos paradójicos pueden estar mostrando una propiedad del cannabis que también se manifiesta en otra de sus repercusiones en el plano médico, el que se conoce como efecto bifásico: dosis bajas y altas pueden producir efectos contrarios. En este caso, dosis bajas pueden ser neuroprotectoras y dosis altas neurotóxicas. Sea como fuere, lo que se concluye de los estudios disponibles hasta la fecha es que, de producir alteraciones cerebrales, estas solo se manifestarían en usuarios dependientes que consumen de forma muy intensiva y que tienen trastornos psiquiátricos asociados. Además, dichas alteraciones se normalizarán al superar la dependencia sin que queden secuelas físicas ni en el rendimiento cognitivo. Muchas veces ese consumo intensivo es la consecuencia de un trastorno psiquiátrico previo, lo cual también ocurre en relación con otras drogas, incluido el alcohol.

3. ¿Y ENFERMEDADES MENTALES?

Las relaciones entre consumo de cannabis y aparición de enfermedades mentales es quizás el tema más complejo y difícil de responder de todos los que puedan plantearse con respecto a los riesgos del consumo de cannabis. Las enfermedades mentales son fenómenos insuficientemente comprendidos, incluso desde el punto de vista científico. Las teorías sobre su etiología no son sólidas. Su aparición responde a interacciones complejas entre la genética, el ambiente, el contexto social en el que se vive y las idiosincrasias psicológicas de los individuos. En la literatura especializada hay opiniones para todos los gustos y no siempre los datos son coherentes entre los diferentes estudios.

Me atrevería a decir que la opinión más generalizada entre los profesionales es que el consumo de cannabis no es una condición necesaria ni suficiente para desarrollar un problema de salud mental. Por ejemplo, en el caso de la esquizofrenia (una enfermedad mental caracterizada por una alteración en los procesos del pensamiento que puede cursar con ideas delirantes y alucinaciones auditivas), las cifras apuntan a que, eliminando el uso de cannabis de la sociedad, no se llegaría a prevenir más que un 10% de nuevos casos. Esto implica que para prevenir un solo caso de esquizofrenia por consumo de cannabis se debería disuadir de su uso a unas 5000 personas.

También hay ejemplos que muestran que el diagnóstico por psicosis causada por el cannabis es dependiente de la situación legal de este. Por ejemplo, un estudio realizado en el Reino Unido encontró que cuando se redujo la criminalidad asociada al uso del cannabis tras rebajarlo de categoría dentro de las listas de drogas prohibidas, los diagnósticos por psicosis asociada al uso de cannabis disminuyeron, y volvieron a aumentar cuando, años después, se volvió a recolocar al cannabis dentro de la lista de drogas más peligrosas.

Después de todo, la psiquiatría no es una ciencia ajena a la sociedad, sino más bien un reflejo de los prejuicios y connotaciones morales propios de la misma. Por ejemplo, hasta los años setenta la homosexualidad era considerada una enfermedad mental y como tal aparecía en los manuales de diagnóstico psiquiátrico. Quién sabe si la regulación legal del cannabis en España, algo que ocurrirá más pronto que tarde, también conducirá a cambios en los diagnósticos psiquiátricos asociados a su consumo. En cualquier caso, la aparición de problemas de salud mental derivados del consumo de cannabis debe tenerse presente, no debe ser negada y, si ocurre, debemos pedir ayuda especializada. La ayuda que se reciba debería estar idealmente libre de consideraciones morales y estigmatizadoras.

Esto quiere decir que, al margen del hecho de que la persona que pide ayuda sea usuaria de cannabis, es preciso tener en cuenta otras circunstancias de su vida, ya que estas estarán influyendo tanto o más que el propio cannabis en la aparición y el mantenimiento del problema. Los psicólogos sabemos que los trastornos mentales rara vez son consecuencia de una sola causa, y que en su abordaje a veces se confunden causas y consecuencias. A veces también se confunden las causas y los factores que hacen que un problema se mantenga. Una concepción directamente causal entre consumo de cannabis y aparición de trastornos mentales es en extremo reduccionista y, más que ayudar a entender el problema, yerra en su abordaje y complica su adecuado tratamiento.

4. ¿ES EL CANNABIS RESPONSABLE DEL FRACASO ESCOLAR?

Las cifras de fracaso escolar y consumo de cannabis entre la población adolescente no siempre se encuentran emparejadas. Como puede apreciarse en la siguiente tabla, a lo largo de estos 22 años la tasa de abandono escolar se ha reducido en 17 puntos porcentuales frente al aumento de 6 puntos en la tasa de consumo de cannabis entre los jóvenes escolarizados.

Datos de España	1994	2004	2016	Diferencia 2016-1994
Tasa de abandono escolar	36%	31%	19%	-17%
Tasa de consumo de cannabis entre jóvenes escolarizados	12%	25%	18%	+6%

Por otro lado, si nos fijamos en los datos europeos tampoco observamos que los países con mayor prevalencia de consumo de cannabis entre sus jóvenes sean los que tienen tasas de abandono escolar más altas. Un ejemplo claro es Chequia, cuyos jóvenes ocupan el tercer lugar europeo en cuanto a consumo de cannabis y en cambio es el segundo país con menor índice de abandono escolar. En el polo opuesto se encuentra Rumanía, el quinto país con más tasa de fracaso escolar y sin embargo el que menos cannabis consume en Europa.

Por otra parte, cabría preguntarse qué ocurriría si se legalizara el cannabis en España en lo que atañe a su eventual efecto sobre el fracaso escolar. Ya existe experiencia internacional que permite extraer, aunque aún prematuras, algunas conclusiones. Cuando se analizaron las consecuencias de la legalización en los estados de Colorado, Alaska, Oregón y Washington D. C., no se encontró una relación directa entre la legalización, el aumento del consumo de cannabis en adolescentes y el rendimiento escolar, disminuyendo incluso las cifras de expulsiones del colegio por tenencia de cannabis.

En cualquier caso, las relaciones entre legalización del cannabis, indicadores de uso del mismo, rendimiento escolar y sanciones escolares tampoco son unívocas, lo que demuestra una vez más la complejidad del fenómeno. Más bien, la conclusión por el momento, a falta de una mayor experiencia en las legislaciones regulatorias, es que estas no parecen influir excesivamente en los indicadores de fracaso escolar.

En la siguiente pregunta abordaremos cómo afecta específicamente el consumo de cannabis al cerebro en desarrollo de adolescentes y jóvenes. De momento, relacionar causalmente un fenómeno social tan complejo como es el fracaso escolar con una única causa, como puede ser el consumo de cannabis, no solo es simplista, sino que nos impedirá abordar el problema con la profundidad y preocupación que merece.

5. ¿AFECTA EL CANNABIS AL DESARROLLO CEREBRAL EN ADOLESCENTES Y JÓVENES?

La mayoría de evidencias que existen en torno a este tema provienen de la investigación animal, donde las dosis utilizadas difícilmente son extrapolables al consumo humano. Se sabe que el sistema endocannabinoide está implicado en la maduración cerebral, luego el uso de cannabinoides exógenos en periodos de desarrollo cerebral podría, en teoría, alterar dicho desarrollo. Esto es lo que se suele detectar en la investigación animal. Sin embargo, cuando se buscan las evidencias de alteraciones en los estudios en humanos, estas se muestran esquivas.

A pesar de que algunos estudios concluyen que los adolescentes que consumen cannabis tienen más probabilidades de sufrir psicosis, trastornos neuropsicológicos e incluso un descenso en el CI (cociente intelectual), los estudios mejor controlados concluyen que esas diferencias entre usuarios y no usuarios se deben más bien a factores familiares y sociales, incluyendo los casos de dependencia del cannabis.

Atribuir a una sustancia dichos efectos es complicado, ya que existen muchos otros factores que podrían estar influyendo y que no siempre son tenidos en cuenta en estos estudios, como, por ejemplo, el consumo de otras sustancias, las influencias educativas, vivir en entornos socialmente empobrecidos, etcétera. De nuevo, como veremos más abajo para el caso del desarrollo fetal en mujeres embarazadas, a pesar de que la evidencia no es concluyente en lo que respecta a los posibles efectos negativos, una ausencia de evidencia no siempre implica una ausencia de efecto, por lo que, ante la duda de un eventual daño, las poblaciones más vulnerables deberían ser las más protegidas.

No obstante, la protección no debería basarse en la sanción y la inducción del miedo sino, por el contrario, en la educación objetiva y sin prejuicios, incluso explicándoles a estas poblaciones más vulnerables que no hay evidencias claras de daños y que sean ellas las que decidan qué hacer. Utilizar las amenazas, los castigos y el discurso del miedo como estrategias preventivas ya nos está mostrando la falta de solidez de los argumentos que se manejan.

Además, cuando los mensajes son tan alarmistas que no se corresponden con la experiencia cotidiana de los adolescentes, el efecto que se consigue es el de desconfianza, lo cual reduce la eficacia de las campañas preventivas. Sin duda, el cannabis no debería ser utilizado en periodos de maduración cerebral como es la adolescencia, pero a su vez los mensajes deberían ser equilibrados y referidos siempre a la evidencia científica.

El eventual impacto del consumo de cannabis no es una cuestión de todo o nada, sino que se sitúa en un espectro que varía en función de numerosos factores de los que ya hemos hablado en epígrafes anteriores y que, en lo que al consumo refiere, dependen también del patrón de uso. Los consumos problemáticos son más susceptibles de provocar impacto, pero estos son minoritarios tanto en la población adolescente como en la adulta, y por eso cuando ocurren deben también examinarse el resto de circunstancias que están influyendo en el consumo, en el normal desarrollo de la persona y en su aprendizaje.

6. ¿ES LA PUERTA DE ENTRADA A DROGAS MÁS PELIGROSAS?

Conocida como «teoría de la escalada», la presunción de que el cannabis es el preludio al inicio de una carrera como toxicómano está alejada de la evidencia. Al contrario, cada vez hay más estudios que muestran al cannabis como sustituto de drogas más peligrosas.

En 2002, el Parlamento británico publicó un informe para evaluar si las políticas de drogas del Gobierno estaban siendo eficaces. Con relación al fenómeno de la teoría de la escalada, se concluyó que la gran mayoría de personas que consumen cannabis no dan un paso más allá. Cualquier gráfico sobre prevalencia de consumo de cannabis y de otras drogas debería ser suficiente para comprobar que, si del cannabis se escalara hacia otras drogas más peligrosas, la prevalencia de consumo de las segundas sería más alta de lo que en realidad es. La prevalencia de consumo de cannabis es superior a la del consumo de drogas como la cocaína o las anfetaminas. Una relación directa entre consumo de cannabis y drogas más peligrosas debería mostrar necesariamente cifras de prevalencia similares, lo cual, como es obvio, no es el caso.

Lo que sí ocurre es que, debido a su ilegalidad, el consumo de cannabis pone a sus consumidores en contacto con las redes organizadas de venta de otras drogas. Los Países Bajos, con su separación de mercados, tienen uno de los niveles más bajos de uso problemático de drogas de toda la Unión Europea (UE). Según un estudio de la UE, la proporción de personas usuarias de cannabis que indican que pueden obtener otras drogas en el mismo punto de venta varía dentro de la UE del 14 al 52%. Justamente, los Países Bajos son el país del 14% (9% para los que se abastecen en los *coffee-shops*) y Suecia el del 52%.

Al igual que ocurre con las razones que explican otros fenómenos relacionados con el cannabis, las relaciones causales entre el consumo de una sustancia, el mantenimiento del consumo y el consumo problemático no pueden ser directamente atribuibles a las sustancias en sí, sino que el fenómeno es multicausal.

Un estudio realizado con mellizos y gemelos no encontró diferencias entre ellos en cuanto a la probabilidad de escalar en el consumo de cannabis a drogas más peligrosas, concluyendo que dicha escalada puede deberse más a los efectos de las relaciones con los iguales y el contexto social en el que se utiliza el cannabis que a factores ambientales tempranos o a una predisposición genética. De hecho, las trayectorias de consumo en jóvenes que derivan en consumos problemáticos en la edad adulta temprana no se diferencian para alcohol, cannabis y tabaco, lo cual indica que los factores que definen el consumo futuro de drogas no tienen tanto que ver con las drogas en sí como con factores de otra índole, entre ellos educativos.

En cualquier caso, un artículo reciente, basado en modelos estadísticos y que utilizó encuestas poblacionales, concluye que la droga que mejor predice el salto al consumo de otras drogas es el alcohol, y que por tanto «parece prudente que tanto la escuela como los funcionarios de la salud pública enfoquen los esfuerzos de prevención, políticas y fondos en abordar el uso del alcohol por parte de los adolescentes».

7. ¿QUÉ PASA SI FUMO CANNABIS ESTANDO EMBARAZADA?

Aunque el cannabis es la droga ilegal más consumida en el mundo, lo que se sabe de sus efectos sobre el feto es poco y además poco concluyente. La ausencia de evidencias proviene a la vez de que existen pocos estudios, pero también de que los resultados de los estudios están plagados de lo que se llama en ciencia variables de confusión, esto es, de elementos que más que ayudar a comprender el fenómeno lo complican. Estas variables son el consumo de otras sustancias, la alimentación, la gestión del estrés, la situación económica, la carga familiar y un largo etcétera. En el peor de los casos, lo que se ha encontrado es similar al efecto del tabaco: un cierto retraso madurativo no superior a los 100 gramos que se recupera con el tiempo.

De la revisión exhaustiva de los estudios poco más puede decirse, ya que, como se ha comentado, no es fácil determinar este tipo de efectos debido a la gran cantidad de variables de confusión que dificultan una adecuada interpretación de los resultados, entre ellos, por supuesto, el efecto de fumar y no el del cannabis.

En cualquier caso, el sistema endocannabinoide es clave en el desarrollo madurativo. Es bastante razonable sugerir que, puesto que hay terceras personas sin capacidad de decisión (entendiendo al feto como tal), se les evite cualquier riesgo extra, lo que incluye la cafeína, el alcohol, la nicotina o el cannabis. Pero, de nuevo, también las madres tienen algún derecho, como es poder tomar una copa de vino o darle unas caladas a un porro de vez en cuando.

Probablemente el hecho de que el cannabis sea una droga ilegal hace que no se valoren sus riesgos con la objetividad que sería conveniente, sobreestimándolos en algunos casos, como es el que nos ocupa. Aquí es cuando se muestra más evidente la máxima de Paracelso de que lo que diferencia el remedio del veneno es la dosis. Un estudio reciente ha encontrado que casi el 70% de los dispensarios de Colorado recomendó a las mujeres embarazadas el uso de cannabis para las náuseas del primer trimestre, y el 81.5% recomendó que antes de utilizar cannabis se consultara con un especialista para recibir el consejo médico adecuado. Eso mismo se sugiere desde aquí, a la vez que se recomienda a los especialistas que ese consejo médico se base exclusivamente en las evidencias existentes, así como en la ausencia de ellas.

El uso de cannabis entre mujeres embarazadas probablemente es mayor de lo que se piensa. Por ejemplo, en Canadá un 2% de las mujeres embarazadas lo utiliza. Seguramente, el estigma al que están sometidas muchas de estas mujeres por utilizar cannabis estando embarazadas no es menos perjudicial para ellas y para el feto que el uso de cannabis. De nuevo, el eventual daño al feto vendrá marcado por las pautas de consumo.

Los protocolos a los que se somete a las mujeres embarazadas que usan cannabis y a sus hijos cuando nacen muchas veces son desproporcionados y mucho más severos que los que padecen mujeres embarazadas que fuman algunos cigarrillos diarios o beben una copa de vino ocasionalmente. En el segundo caso —consumo de tabaco o alcohol—, un uso moderado se tolera bien, lo que no ocurre en el primero —uso de cannabis—, a pesar de que no haya ninguna evidencia de que un uso moderado de alcohol o de tabaco sea menos perjudicial (más bien parece lo contrario) que un uso moderado de cannabis por parte de mujeres embarazadas. Por último, muchas mujeres embarazadas utilizan cannabis solo en los primeros meses para combatir las náuseas, y el uso es esporádico.

8. LEGALIDAD DEL CANNABIS

No. El cannabis no es legal en España. No obstante, las consecuencias de la ilegalidad son diferentes en función de los países. En España, la posesión de cantidades destinadas al consumo, así como el mismo consumo en la vía pública, se consideran una falta administrativa grave que se sanciona con una multa, mientras que la venta a terceros se considera un delito y puede conllevar penas de cárcel. En cambio, en países como China o Filipinas la mera tenencia de pequeñas cantidades o el consumo en lugares públicos pueden implicar pena de muerte, y en otros como Tailandia penas durísimas de cárcel. A la vez, de forma paradójica, Filipinas y Tailandia han aprobado recientemente programas de cannabis medicinal. De modo que, bien mirado y según con quiénes nos comparemos, tampoco estamos tan mal en unas cosas (riesgos legales de alta gravedad para la salud), ni tan bien en otras (acceso médico al cannabis).

La tenencia de cantidades destinadas al consumo propio, así como el propio consumo en lugares privados, como pueda ser el domicilio particular, no son actividades ilegales, de ahí también, por ejemplo, la existencia de los llamados Clubes Sociales de Cannabis (CSC). La cantidad máxima que se considera tenencia para consumo propio es de 100 gramos para la marihuana y de 50 gramos para el hachís. Por debajo de estas cantidades no se considera delito, pero las multas por tenencia en la vía pública van de los 600 a los 30 000 euros. En España se ponen más de 300 multas diarias por tenencia o consumo de cannabis en lugares públicos, lo que supone una cantidad anual en multas de unos 93 millones de euros.

Independientemente del lugar de abastecimiento (calle, CSC, etcétera), cualquier tenencia o uso en la vía pública se sanciona con una multa administrativa. En España, los únicos usos lícitos son los médicos y los científicos. Así que solo si tienes Sativex® y lo has obtenido con receta médica podrás llevarlo y utilizarlo en la vía pública. Otra cuestión es si das positivo en un control de carretera: entonces pueden multarte, aunque si eres usuario de un medicamento autorizado (Sativex®) podrás recurrir la multa, sin que ello garantice que ganes el recurso. Incluso el usuario medicinal de cannabis está legalmente desprotegido en este sentido. En su defensa también podrá alegar que un estudio reciente realizado con pacientes que utilizan Sativex® no ha encontrado afectación en la conducción de vehículos a motor.

9. ¿CUÁNTAS PLANTAS PUEDO CULTIVAR PARA MI PROPIO CONSUMO?

La ley solo dice: «Son infracciones graves [...] La ejecución de actos de plantación y cultivo ilícitos de drogas tóxicas, estupefacientes o sustancias psicotrópicas en lugares visibles al público, cuando no sean constitutivos de infracción penal». De aquí solo se puede derivar que la visibilidad de cualquier planta desde el exterior del edificio en el que se encuentra es constitutiva de sanción por infracción grave, lo cual puede equivaler, como se ha dicho en el apartado anterior, a multas de entre 600 y 30 000 euros.

No está legislado el número máximo de plantas que se consideran tenencia para consumo propio y que no están destinadas a la venta. La decisión corresponde, en primer lugar, al policía que descubre el cultivo. En este caso, solo por tener las plantas expuestas a la vista pública recibirás una sanción administrativa (multa). Si además la policía infiere que las plantas están destinadas al tráfico, se abrirá una causa judicial. Al contrario de lo que ocurre con la tenencia no constitutiva de delito (hasta 100 gramos de marihuana), no hay estipulado un número mínimo de plantas que diferencie el delito de la ausencia de este, por lo que la decisión queda a criterio policial y/o judicial y no hay una norma general con la que desde aquí pueda orientarte más allá de la que marca la prudencia: 1) no cultivar en lugres visibles al público y 2) ser prudente con el número de plantas que se cultiva, de tal forma que pueda razonablemente justificarse que es para consumo propio.

Para los cultivadores de interior hay menos problemas, ya que es más difícil localizar los cultivos. Aun así, ante una denuncia o ante una posible visita policial, el cultivador se expondrá a los mismos riesgos legales que los referidos para el caso del cultivo en exterior.

10. SI SE LEGALIZA EL CANNABIS, ¿NO AUMENTARÁ EL CONSUMO, SOBRE TODO ENTRE LOS MÁS JÓVENES?

Se dispone ya de resultados provenientes de los países que han legalizado el cannabis en alguna de sus formas: desde su uso terapéutico hasta su consumo recreativo o uso adulto. Los resultados que arrojan estos estudios no siempre van en la misma dirección, e incluso a veces son contradictorios. Probablemente, el fenómeno depende de contextos culturales y de otras variables complejas más allá de un simple proceso de legalización; por ejemplo, cuál es la intención al legalizar o si se ha hecho un trabajo previo de información y prevención. En Uruguay la legalización del cannabis tenía una motivación de salud pública, mientras que en Colorado, por poner dos ejemplos populares, era económica.

En efecto, a pesar de lo contradictorio, la legalización del cannabis sí parece traer un aumento en su consumo, pero este aumento ni implica una mayor prevalencia de uso en el medio plazo (una vez pasada la euforia de los primeros meses, el consumo vuelve a la normalidad), ni un aumento de los consumos problemáticos, ni tampoco se han referido mayores problemas de salud pública. Una legalización del cannabis en el sentido en que lo ha hecho Uruguay, primando la salud pública, permite un mejor abordaje de los problemas derivados del consumo y, sobre todo y más importante, unas mejores estrategias preventivas. En definitiva, no deben preocupar los aumentos en el consumo, sino los aumentos en el consumo problemático.

Por último, los eventuales beneficios de una regulación del mercado del cannabis van más allá del posible perjuicio a la salud individual de quien lo fuma, ya que se trata de una cuestión de salud pública, de seguridad ciudadana y de mejora de las instituciones democráticas. Tener en manos de las mafias y del mercado negro el control del negocio del cannabis es mucho más perjudicial para la sociedad que los efectos negativos que pueda producir el cannabis por sí mismo. Solo a un gobernante irresponsable se le ocurriría dejar en manos del crimen organizado un producto de consumo de amplia aceptación social, al menos si su pretensión es velar por la salud pública y la paz social. Los efectos negativos de las drogas afectan a quienes las consumen; los efectos negativos de su falta de regulación legal no solo repercuten negativamente en la salud de quienes las consumen, sino de toda la sociedad en su conjunto.

Un mercado regulado y controlado por el Estado siempre ofrecerá mejores servicios y disminuirá el estigma social con el que por lo general se carga a las personas consumidoras. En el caso de los usuarios medicinales, derivará necesariamente en una mejora de sus cuidados médicos, de su calidad de vida y de su bienestar general.

Aunque es habitual escuchar a los expertos decir que los usos médicos y recreativos del cannabis deben separarse, lo cierto es que la frontera es muy difusa, permeable e inespecífica, ya que el cannabis, para la mayoría de sus usuarios, tiene que ver con la mejora de la calidad de vida y el autocuidado, independientemente de si están o no enfermos o lo utilizan para paliar una enfermedad o para mejorar su bienestar estando sanos.

Lo que en ninguna de las situaciones es lógico es su persecución legal, sea el consumo beneficioso o perjudicial. A medida que avance el siglo XXI, el cannabis experimentará una aceptación universal en el plano legislativo y su prohibición pasará a ser una mera anécdota histórica, eso sí, habiendo dejado lamentablemente por el camino un reguero de víctimas y de daños irreparables ante los que algún día tendrán que rendir cuentas —o al menos pedir perdón— los responsables del desastre.

Mientras, se puede seguir trabajando para que la regulación sea lo más beneficiosa posible, tanto para el usuario como para la sociedad. Espero que este libro haya servido al lector cuando menos para reflexionar al respecto.

ANEXO

BREVE DIGRESIÓN METODOLÓGICA SOBRE EL CONCEPTO DE EVIDENCIA EN BIOMEDICINA

La biomedicina ha establecido unos criterios para evaluar la calidad de la evidencia que permite tomar decisiones clínicas. Es lo que se conoce como «jerarquía de las evidencias».

Revisiones
sistemáticas y
metaanálisis

Ensayos clínicos
aleatorizados

Estudios de cohortes

Estudios de casos-controles

Series de casos, casos clínicos

Editoriales y opiniones de expertos

PIRÁMIDE DE LA EVIDENCIA CIENTÍFICA

DESCRIPCIÓN DE LA JERARQUÍA DE LAS EVIDENCIAS CIENTÍFICAS

En la cúspide de la jerarquía está lo que se conoce como metaanálisis y las revisiones sistemáticas. Los metaanálisis son un método estadístico que permite analizar los resultados de diferentes ensayos clínicos como si fueran solo uno. Con ello, se pueden analizar muchos sujetos y llegar a conclusiones relativamente acertadas sobre la eficacia de un tratamiento. Los resultados obtenidos por medio de los metaanálisis se consideran la cima de la evidencia científica, ya que son el fruto de toda la evidencia experimental de que se dispone. En las revisiones sistemáticas se resumen todos los estudios publicados sobre un tema en concreto, por ejemplo: «cannabis y calidad de vida», pero sin realizar análisis estadísticos con los resultados de los diferentes estudios.

La ventaja del metaanálisis con relación a la revisión sistemática es la realización de análisis estadísticos de los resultados, que permiten establecer parámetros de eficacia. La desventaja es que no siempre se puede hacer el análisis porque las variables principales o la forma de medirlas no son las mismas en todos los estudios. Una revisión sistemática, por el contrario, al no realizar análisis estadísticos, permite la inclusión de más estudios. Se podría decir que ambos métodos de obtención de evidencias son complementarios, de ahí que suelan situarse en el mismo peldaño de evidencia.

Después de los metaanálisis y las revisiones sistemáticas nos encontramos con los ensayos clínicos (EC). Los EC son estudios en los que a un grupo de pacientes se les administra un fármaco experimental y a otro un fármaco que ya ha mostrado resultados de eficacia, o bien un placebo, para estudiar la eficacia de dicho fármaco experimental. Los EC evalúan la seguridad y la eficacia de un tratamiento concreto. Las revisiones sistemáticas y los metaanálisis se realizan cuando hay diferentes EC sobre un mismo tratamiento, como ya se ha explicado antes. Los ensayos clínicos son, pues, el pilar fundamental de la biomedicina y el «patrón de oro» a la hora de establecer la seguridad y la eficacia de un tratamiento médico. Cuando se dice que «no hay evidencias» de que un tratamiento no funcione, lo que se quiere decir es que no hay ensayos clínicos suficientes o de una calidad metodológica apropiada. La eficacia de un tratamiento experimental queda entonces demostrada cuando dicho tratamiento obtiene mejores resultados que el tratamiento de comparación, que, como ya se ha dicho, suele ser o un placebo o un tratamiento cuya eficacia ya se conoce.

Por debajo de los EC se encuentran los denominados estudios observacionales, que son investigaciones en las que se analiza qué ocurre en la realidad. Este tipo de estudios se considera de un rango de evidencia inferior a los anteriores, ya que no se puede controlar ninguna variable y, por ello, las conclusiones a las que se puede llegar son, digamos, «débiles». En un EC todos los pacientes están sujetos, en la medida de lo posible, a las mismas condiciones (idealmente incluso incluyendo la dieta, los horarios de sueño-vigilia e incluso las rutinas cotidianas), de tal forma que solo cambia el fármaco que reciben (fármaco activo, fármaco de comparación o placebo). Por tanto, si hay una diferencia entre los grupos con respecto a la mejoría de la enfermedad, eso solo puede deberse al fármaco administrado y de ahí se puede concluir que ese fármaco es eficaz. Esto no ocurre en los estudios observacionales. Como no se puede intervenir sobre la realidad, hay tal variabilidad entre los sujetos y sus condiciones de vida que ninguno de los resultados que se encuentren pueden ser achacados directamente al fármaco que estén tomando.

Un estudio observacional consistiría, por ejemplo, en seguir a un grupo de pacientes que inician un tratamiento con cannabis porque padecen dolor crónico y comparar los resultados con los de un grupo que ha iniciado tratamientos convencionales. A diferencia de lo que ocurre en un EC, si en este estudio encontráramos disparidades, no se podría decir que ellas se deben al cannabis, ya que pueden estar operando otras variables que no hemos considerado observar (por ejemplo, a lo mejor los pacientes del grupo de cannabis se proveen de él en una asociación cannábica que organiza talleres de yoga para sus socios terapéuticos, variable que no conocíamos y que, por tanto, hace posible que los resultados encontrados no se deban al cannabis, sino al yoga, o a una suma de ambos, o a una tercera variable desconocida para nosotros pero común al grupo y que no hemos contemplado). Al controlar las variables de estudio, los resultados de los EC son más atribuibles a la intervención de que se trate.

Por último, en el nivel más bajo de la jerarquía, se encuentran los casos clínicos y el juicio médico. Los casos clínicos son aquellos que describen los médicos en los que un tratamiento a un paciente concreto ha producido un efecto concreto. Los casos clínicos suelen describirse y publicarse en revistas especializadas cuando se ha logrado, para un paciente concreto, un resultado de especial relevancia como consecuencia de aplicar un determinado tratamiento. Por ejemplo, los primeros casos de reducción de epilepsias infantiles refractarias tras tratamiento con CBD eran casos clínicos. Era un resultado sorprendente tras un tratamiento no convencional.

Cuando un determinado caso clínico se va repitiendo puede llamar la atención de los científicos o de las compañías farmacéuticas y dar lugar al inicio de estudios observacionales, que son más baratos que los EC, para recoger nuevos tipos de evidencia, o bien dar lugar directamente a la inversión en un EC. Los casos clínicos no son necesariamente de carácter «positivo». A veces, se refieren a efectos secundarios no esperados de un tratamiento concreto o cualquier otra incidencia médica que se escapa de lo esperable y habitual. Los casos clínicos se consideran el penúltimo nivel de evidencia porque atañen a casos únicos difícilmente extrapolables a otros pacientes.

Y ya solo por debajo de los casos clínicos se encuentra, paradójicamente, el juicio médico. El juicio médico no puede considerarse como evidencia porque responde a un alto grado de subjetividad, por mucho que las decisiones médicas se basen cada vez más en protocolos, y porque además son decisiones muy personalizadas, por lo cual aquello que sirve para un individuo con una enfermedad no va a servir por fuerza para otro individuo, aunque padezca la misma enfermedad.

DISCUSIÓN SOBRE LA JERARQUÍA DE LAS EVIDENCIAS CIENTÍFICAS

Como es obvio, esta jerarquía de ordenación de evidencias está ampliamente cuestionada. Existen numerosos modelos de pirámide de acuerdo con los criterios de cada autor o sociedad científica. La principal crítica que se le ha hecho es que la jerarquización de evidencias no está basada en la evidencia científica; es un modelo teórico nunca contrastado científicamente y lo único que refleja es el grado de control con el que se ha obtenido la evidencia. Pero el grado de control no siempre es evidencia de lo que está ocurriendo en la realidad precisamente por eso, porque la realidad rara vez está sometida a controles. Por centrarnos solo en algunos aspectos de los dos niveles de evidencia más altos en la jerarquía, por ejemplo, sabemos que para poder realizar metaanálisis hay que restringir mucho los criterios de inclusión de los estudios que se van a analizar, luego la generalización de lo encontrado es limitada.

Metaanálisis

Algunos autores piensan que los metaanálisis empiezan a generar ciencia espuria, responden a intereses comerciales y, más que generar evidencias, suponen una estrategia fácil y rápida de producir publicaciones. Recientemente fue expulsado el director de la Biblioteca Cochrane, una gigantesca base de datos electrónica en la que se publican metaanálisis sobre cualquier materia médica, precisamente por un conflicto de intereses.

Ensayos clínicos (EC)

Por su parte, los EC están tan controlados que cuando el fármaco sale al mundo exterior a veces se comporta de manera muy diferente a como lo ha hecho en el laboratorio. Los EC tienen una alta validez interna pero una baja validez ecológica, lo que quiere decir que los resultados son muy consistentes dentro del laboratorio pero que no necesariamente se van a corresponder con lo que ocurre en el mundo real.

El establecimiento del ensayo clínico en la evaluación de la eficacia y seguridad de un fármaco se remonta a una normativa norteamericana de 1962 (la enmienda Kefauver-Harris Drug). Hasta entonces, era sobre todo el criterio médico el que determinaba la prescripción de un tratamiento. Con el EC se pretendía que el criterio médico estuviera basado en evidencias objetivas. Con el tiempo, lo que empezó siendo una herramienta más a la hora de tomar decisiones clínicas se ha convertido en el «patrón de oro». Hoy día, la medicina está completamente protocolizada de acuerdo a los resultados de los ensayos clínicos, y el juicio y el criterio médicos cada vez están más relegados.

No obstante, la valoración de la evidencia de un tratamiento tomando el EC como «patrón de oro» no está exenta de problemas. Como se ha explicado antes, una cosa es cómo se comporta un fármaco en las condiciones controladas de un laboratorio, y otra cómo lo hace en el mundo real. En el caso del cannabis, por ejemplo, no hay muchas evidencias de cómo se comporta en el laboratorio, pero sí de cómo lo hace en el mundo real. Y justamente de eso ha tratado este libro.

Por otra parte, la concepción del EC como fuente principal de obtención de evidencia médica responde a lo que se denomina «modelo bacteriológico». En el ámbito de las enfermedades infecciosas (que se tratan con antibióticos) se puede determinar la existencia de una relación causal entre la aplicación de un tratamiento y la curación y, por tanto, la comparación de dicho tratamiento con un placebo es un método casi infalible de determinación de la eficacia.

Sin embargo, para el resto de enfermedades, esta relación causal entre tratamiento y curación no es tan clara. El modelo bacteriológico de evaluación de tratamientos no es tan directamente extrapolable al estudio de todas las enfermedades y tratamientos, y mucho menos en el caso de los tratamientos psiquiátricos, cuyas bases biológicas apenas se conocen. La prevalencia del modelo bacteriológico hizo que desaparecieran durante muchos años las investigaciones con drogas de perfil psiquedélico, como la LSD o la psilocibina. En la actualidad, la investigación en dichas sustancias está resurgiendo y es esperable que en un futuro muy próximo revolucionen los tratamientos en el campo de la salud mental. Además, el modelo bacteriológico tiene otro problema: cuando se utilizan fármacos que tienen efectos psicológicos, como es el caso del cannabis, la comparación con el placebo es complicada, ya que, al producir efectos psicológicos, cosa que el placebo no hace necesariamente, es más fácil para el paciente determinar si ha tomado fármaco activo o placebo, quedando por tanto desactivado el posible efecto placebo.

Cuando se trabaja con psicofármacos es más importante que nunca el criterio médico. De nuevo, no es mi intención desvalorizar la valía del ensayo clínico, sino ponerlo en el sitio que le corresponde, que no es ni más ni menos que a la misma altura en la que se encuentran el resto de fuentes de obtención de evidencia. Cada una con sus ventajas e inconvenientes y, por tanto, todas complementarias entre ellas.

Estudios observacionales

En cuanto a los estudios observacionales, al no estar controlados tienen poca validez interna, pero, al provenir los datos recogidos de lo que ocurre en el mundo real, tienen una alta validez ecológica. Por su parte, los casos clínicos y las observaciones empíricas de los clínicos son difícilmente extrapolables al conjunto de la realidad, por tratarse de casos personalizados. Sin embargo, si nos centramos en el caso del cannabis, la experiencia empírica que los clínicos tienen sobre los efectos médicos del cannabis es infinitamente superior a la que proviene de los estudios clínicos y observacionales. Como ya hemos dicho en otros capítulos, hay millones de pacientes en el mundo que utilizan cannabis con fines médicos. Por ello, los médicos de naciones como los Países Bajos, Israel o Canadá tienen un conocimiento sobre los efectos del cannabis que supera considerablemente al conocimiento que se puede desprender exclusivamente de los metaanálisis, revisiones sistemáticas y estudios observacionales.

Otras fuentes de evidencia

Hoy en día hay una tendencia a contemplar todas las fuentes de evidencia como igualmente válidas entre los especialistas en epistemología de la evidencia científica. Ello también se debe al enorme avance que han experimentado los métodos estadísticos gracias al desarrollo tecnológico informático. Ya se introdujo en el capítulo 5 el término de evidencia basada en el mundo real. Las modernas técnicas de análisis de datos (*big data*) permiten analizar datos procedentes de fuentes de evidencia diversas para ofrecer una lectura final de la evidencia mejor basada en la realidad. Por ejemplo, los tratamientos para el cáncer están basados cada vez más en este tipo de análisis, que combina los datos clínicos que obtienen los médicos en sus tratamientos con los datos provenientes de estudios clínicos y observacionales, de tal forma que se consigue una alta personalización del tratamiento.

Ya hay grupos de investigación que están elaborando protocolos de recogida de datos que puedan ser cumplimentados por los médicos en los países en los que hay legislaciones específicas sobre cannabis medicinal. Si esto llegara a ocurrir, la cantidad y calidad de las evidencias superarían con creces las provenientes de ensayos clínicos controlados. En cualquier caso, lo ideal no es anteponer un tipo de evidencia por encima de otro, sino, como ya se ha dicho, combinarlas para llegar a un conocimiento lo más preciso posible.

Por otra parte, la obtención de evidencias no es exclusiva de la biomedicina. Hay otras disciplinas científicas que también recogen multitud de evidencias sobre los efectos médicos del cannabis pero que no basan sus resultados en estudios clínicos, como son la antropología médica o la farmacoeconomía, solo por mencionar un par de disciplinas. Por ejemplo, un estudio antropológico pionero realizado con mujeres usuarias de crack en Jamaica, en el que la autora convivió con ellas y las entrevistó, constató que muchas dejaron de usar crack al empezar a fumar marihuana, ya que la marihuana les permitía combatir los efectos secundarios del crack, reducir o eliminar su consumo, mejorar su aspecto y cuidado personal y ganar en calidad de vida. Un ejemplo en el campo de la farmacoeconomía son los numerosos estudios que evalúan si Sativex® guarda una relación coste/beneficio lo bastante eficiente como para ser financiado por el sistema público de salud.

Por tanto, hablar de evidencia científica en abstracto es, cuando menos, limitante. Si por evidencia se entiende el análisis que procede exclusivamente de la investigación biomédica, entonces el discurso no solo está sesgado, sino que en el mejor de los casos es limitado y en el peor directamente erróneo. Las evidencias provenientes de las ciencias sociales han ido siendo desplazadas por las procedentes de la biomedicina. No obstante, considerar a la biomedicina como la disciplina exclusiva y excluyente a la hora de tomar decisiones en materia de salud pública constituye un enfoque equivocado.

La altísima inversión en investigación biomédica empieza a no compensar los limitados resultados obtenidos. A pesar de que las inversiones en prevención y educación son más económicas y eficaces a largo plazo que las intervenciones biomédicas, solo un porcentaje ridículo del presupuesto sanitario se destina a tales fines (en el Reino Unido, por ejemplo, es del 5%). Por poner un ejemplo, en capítulos previos hemos analizado el impacto terriblemente dramático que tienen sobre la salud pública la contaminación ambiental y la soledad.

Si se interviniera sobre estos factores ambientales, en lugar de hacerlo sobre los efectos de los mismos, la salud general de la población sería mejor y a un menor coste en una consideración a largo plazo. Sin embargo, todo lo que conlleve inversiones en el largo plazo va contra la lógica política, ya que se necesita mucho tiempo hasta que se empiezan a ver resultados. Además, no siempre la inversión en salud pública beneficia al desarrollo empresarial.

En conclusión, hablar de evidencia científica cuando hablamos de cannabis medicinal es más complicado que hablar de evidencia cuando se trata del desarrollo de un nuevo fármaco. El cannabis lleva miles de años conviviendo con nosotros y hay múltiples tipos de fuentes, más allá de la biomedicina, que muestran sus propiedades médicas. Las decisiones para iniciar programas de cannabis medicinal no pueden basarse exclusivamente en las evidencias provenientes de la biomedicina, porque entonces serán decisiones sesgadas.

Asimismo, la realidad es que no hay ensayos clínicos suficientes con cannabis para cada indicación específica, por lo que la decisión de iniciar programas de cannabis medicinal en diversos países no ha estado basada en las evidencias provenientes de la biomedicina sino en una cuestión de derechos civiles.

La toxicidad del cannabis es despreciable, su seguridad máxima y sus beneficios razonablemente buenos de acuerdo con la evidencia empírica tanto de pacientes como de clínicos. Por ello, el concepto de evidencia no debe ser utilizado con fines políticos o ideológicos para despreciar una práctica, como ocurre a veces cuando se afirma que no hay evidencias que respalden el uso médico del cannabis. Primero, hay evidencias de sobra y, segundo, ante la perspectiva de instaurar un programa de cannabis medicinal en España, lo interesante sería trabajar de aquí en adelante en protocolos de recogida de datos que permitan combinar evidencias procedentes de distintas fuentes tanto metodológicas como disciplinarias, para que el proceso de toma de decisiones clínicas y políticas sea lo más racional posible.

❖ BIBLIOGRAFÍA ❖

POR CAPÍTULOS

A continuación se ofrecen las referencias más relevantes utilizadas para la escritura de cada uno de los capítulos. En la web de Editorial Amat se encontrará la bibliografía completa utilizada: www.profiteditorial.com.

INTRODUCCIÓN

Bewley-Taylor, D.; Jelsma, M. y Blickman, T. 2014. *Auge y caída de la prohibición del cannabis. La historia del cannabis en el sistema de control de drogas de la ONU y opciones de reforma.* Ámsterdam: Transnational Institute. Accesible en: https://www.tni.org/es/publicacion/auge-y-caida-de-la-prohibicion-del-cannabis.

Russo, E. B. 2007. «History of cannabis and its preparations in saga, science, and sobriquet», *Chemistry & Biodiversity,* 4 (8): 1614-48.

Wadley, G. 2016. «How psychoactive drugs shape human culture: A multi-disciplinary perspective», *Brain Research Bulletin,* 126 (Pt. 1): 138-51.

1. EL CANNABIS MEDICINAL EN LOS PLANOS INTERNACIONAL Y NACIONAL

Junta Internacional de Fiscalización de Estupefacientes. 2014. *Informe 2014. Medidas de fiscalización aplicables a los programas de uso del cannabis con fines médicos en virtud de la Convención Única de 1961 sobre Estupefacientes.* Accesible en: https://www.incb.org/documents/Publications/AnnualReports/AR2014/Spanish/AR_2014_ESP.pdf (puntos 218-227).

Organización Mundial de la Salud (OMS). 2012. *Garantizando el equilibrio en las políticas nacionales sobre sustancias fiscalizadas. Orientación para la disponibilidad y accesibilidad de los medicamentos fiscalizados.* Accesible en: http://apps.who.int/medicinedocs/documents/s18050es/s18050es.pdf.

ProCon. 2018. *Legal Recreational Marijuana States and DC*. Accesible en: https://marijuana.procon.org/view.resource.php?resourceID=006868.

Usó, J. C. 1996. *Drogas y Cultura de Masas. España 1855-1995*. Madrid: Temas de Hoy.

2. QUÉ ES EL CANNABIS Y POR QUÉ ES UNA MEDICINA

MACCARRONE, M.; BAB, I.; BÍRÓ, T.; CABRAL, G. A.; DEY, S. K.; DI MARZO, V.; KONJE, J. C.; KUNOS, G.; MECHOULAM, R.; PACHER, P.; SHARKEY, K. A. y ZIMMER, A. 2015. «Endocannabinoid signaling at the periphery: 50 years after THC», *Trends in Pharmacological Sciences*, 36 (5): 277-96.

RUSSO, E. B. 2011. «Taming THC: potential cannabis synergy and phytocannabinoid-terpenoid entourage effects», *British Journal of Pharmacology*, 163 (7): 1344-64.

— 2016. «Beyond Cannabis: Plants and the Endocannabinoid System», *Trends in Pharmacological Sciences*, 37 (7): 594-605.

— 2016. «Clinical Endocannabinoid Deficiency Reconsidered: Current Research Supports the Theory in Migraine, Fibromyalgia, Irritable Bowel, and Other Treatment-Resistant Syndromes», *Cannabis and Cannabinoid Research*, 1 (1): 154-65.

3. DIFERENTES PRODUCTOS BASADOS EN CANNABIS

ATAKAN, Z.; BHATTACHARYYA, S.; ALLEN, P.; MARTÍN-SANTOS, R.; CRIPPA, J. A.; BORGWARDT, S. J.; FUSAR-POLI, P.; SEAL, M.; SALLIS, H.; STAHL, D.; ZUARDI, A. W.; RUBIA, K. y McGUIRE, P. 2013. «Cannabis affects people differently: inter-subject variation in the psychotogenic effects of Δ9-tetrahydrocannabinol: a functional magnetic resonance imaging study with healthy volunteers», *Psychological Medicine*, 43 (6): 1255-67.

SÁNCHEZ, C. 2017. «Preparaciones de cannabis utilizadas con fines terapéuticos». En: J. A. Ramos Atance (coord.): *Efectos terapéuticos de los cannabinoides*. Madrid: Instituto Universitario de Investigación en Neuroquímica de la Universidad Complutense de Madrid. Accesible en: http://www.seic.es/wp-content/uploads/2013/10/EFECTOS-TERAPÉUTICOS-DE-LOS-CANNABINOIDES.pdf.

4. THC, CBD, EFECTO *ENTOURAGE* Y OTROS CANNABINOIDES DE ACCIÓN TERAPÉUTICA

MACCALLUM, C. A. y RUSSO, E. B. 2018. «Practical considerations in medical cannabis administration and dosing», *European Journal of Internal Medicine*, 49: 12-19.

MARTÍN-SANTOS, R.; CRIPPA, J. A.; BATALLA, A.; BHATTACHARYYA, S.; ATAKAN, Z.; BORGWARDT, S.; ALLEN, P.; SEAL, M.; LANGOHR, K.; FARRÉ, M.; ZUARDI, A. W. y McGUIRE, P. K. 2012. «Acute effects of a single, oral dose of d9-tetrahydrocannabinol (THC) and cannabidiol (CBD) administration in healthy volunteers», *Current Pharmaceutical Design*, 18 (32): 4966-79.

RUSSO, E. B. 2011. «Taming THC: potential cannabis synergy and phytocannabinoid-terpenoid entourage effects», *British Journal of Pharmacology*, 163 (7): 1344-64.

5. PRINCIPALES APLICACIONES MÉDICAS DEL CANNABIS

ALLAN, G. M.; RAMJI, J.; PERRY, D.; TON, J.; BEAHM, N. P.; CRISP, N.; DOCKRILL, B.; DUBIN, R. E.; FINDLAY, T.; KIRKWOOD, J.; FLEMING, M.; MAKUS, K.; ZHU, X.; KOROWNYK, C.; KOLBER, M. R.; MCCORMACK, J.; NICKEL, S.; NOËL, G. y LINDBLAD, A. J. 2018. «Simplified guideline for prescribing medical cannabinoids in primary care», *Canadian Family Physician*, 64 (2): 111-120.

HÄUSER, W.; FINN, D. P.; KALSO, E.; KRCEVSKI-SKVARC, N.; KRESS, H. G.; MORLION, B.; PERROT, S.; SCHÄFER, M.; WELLS, C. y BRILL, S. 2018. «European Pain Federation (EFIC) position paper on appropriate use of cannabis-based medicines and medical cannabis for chronic pain management», *European Journal of Pain*, 22 (9): 1547-64.

MACCALLUM, C. A. y RUSSO, E. B. 2018. «Practical considerations in medical cannabis administration and dosing», *European Journal of Internal Medicine*, 49: 12-19.

PIPER, B. J.; DEKEUSTER, R. M.; BEALS, M. L.; COBB, C. M.; BURCHMAN, C. A.; PERKINSON, L.; LYNN, S. T.; NICHOLS, S. D. y ABESS, A. T. 2017. «Substitution of medical cannabis for pharmaceutical agents for pain, anxiety, and sleep», *Journal of Psychopharmacology*, 31 (5): 569-75.

Queensland Health. 2017. *Clinical Guidance: for the use of medicinal cannabis products in Queensland*. Accesible en: https://www.health.qld.gov.au/__data/assets/pdf_file/0023/634163/med-cannabis-clinical-guide.pdf.

The National Academies of Sciences, Engineering, Medicine. 2017 *The Health Effects of Cannabis and Cannabinoids*. Washington, D. C.: The National Academies Press. Accesible en: https://www.weedmd. com/wp-content/uploads/2017/02/Health-Effects-of-Cannabis-Current-Evidence-Jan-2017.pdf.

6. MÉTODOS DE USO APROPIADOS

MACCALLUM, C. A. y RUSSO, E. B. 2018. «Practical considerations in medical cannabis administration and dosing», *European Journal of Internal Medicine*, 49: 12-19.

SÁNCHEZ, C. 2017. «Preparaciones de cannabis utilizadas con fines terapéuticos». En: J. A. Ramos Atance (coord.): *Efectos terapéuticos de los cannabinoides*. Madrid: Instituto Universitario de Investigación en Neuroquímica de la Universidad Complutense de Madrid. Accesible en: http://www.seic.es/wp-content/uploads/2013/10/EFECTOS-TERAPÉUTICOS-DE-LOS-CANNABINOIDES.pdf.

7. POSIBLES APLICACIONES FUTURAS EN EL CAMPO MEDICINAL

BOUSO, J. C.; DOS SANTOS, R. y HALLAK, J. 2019. «Potential Applications of Cannabis and Cannabinoids in the Treatment of Substance Use Disorder and in Harm Reduction». En: M. Winkelman y B. Sessa (eds.). *Psychedelic Medicine*, vol. 3: *Advances in Psychedelic Medicine*. Santa Barbara: Praeger/ABC-CLIO.

FERNÁNDEZ-RUIZ, J. 2018. «The biomedical challenge of neurodegenerative disorders: an opportunity for cannabinoid-based therapies to improve on the poor current therapeutic outcomes», *British Journal of Pharmacology*, doi.org/10.1111/bph.14382.

GUZMÁN, M.; SÁNCHEZ, C. y VELASCO, G. 2017. «Potencial antitumoral de los cannabinoides». En: J. A.

Ramos Atance (coord.): *Efectos terapéuticos de los cannabinoides.* Madrid: Instituto Universitario de Investigación en Neuroquímica de la Universidad Complutense de Madrid. Accesible en: http://www.seic.es/wp-content/uploads/2013/10/EFECTOS-TERAPÉUTICOS-DE-LOS-CANNABINOIDES.pdf.

Iseger, T. A. y Bossong, M. G. 2015. «A systematic review of the antipsychotic properties of cannabidiol in humans», *Schizophrenia Research*, 162 (1-3): 153-61.

Russo, E. B. 2018. «Cannabis Therapeutics and the Future of Neurology», *Frontiers in Integrative Neuroscience*, 12: 51.

Velasco, G.; Hernández-Tiedra, S.; Dávila, D. y Lorente, M. 2016. «The use of cannabinoids as anticancer agents», *Progress in Neuropsychopharmacology & Biological Psychiatry*, 64: 259-66.

8. CANNABIS Y CALIDAD DE VIDA

Dos Santos, R. G. 2017. «Breve panorama etnobotânico sobre a maconha». En: E. MacRae y W. C. Alves (eds.): *Fumo de Angola: canabis, racismo, resistência cultural e espiritualidade.* EDUFBA Editors, pp. 59-64.

Goldenberg, M.; Reid, M. W; Ishak, W. W. y Danovitch, I. 2017. «The impact of cannabis and cannabinoids for medical conditions on health-related quality of life: A systematic review and meta-analysis», *Drug and Alcohol Dependence*, 174: 80-90.

Llort Suárez, A. «El placer es mío. Cannabis: ¿autoatención o automedicación?». En: Regulación Responsable-D. P. Martínez Oró (eds.): *Las sendas de la regulación del cannabis en España*. Barcelona: Edicions Bellaterra, pp. 119-233. Accesible en: http://www.infodroguesreus.com/wp-content/14.Antoniu-Llort-Suárez.pdf.

9. DIEZ MITOS Y REALIDADES CON RELACIÓN AL CANNABIS

Bouso, J. C, y Parés, Ò. 2017. «Contextualización de los efectos socio-sanitarios del consumo de cannabis en España». En: GEPCA (ed.): *Cannabis, de los márgenes a la normalidad. Hacia un nuevo modelo de regulación.* Barcelona: Edicions Bellaterra.

Gage, S. H.; Zammit, S. y Hickman, M. 2013. «Stronger evidence is needed before accepting that cannabis plays an important role in the aetiology of schizophrenia in the population», *F1000 Medicine Reports*, 5: 2.

Merlob, P.; Stahl, B. y Klinger, G. 2017. «For Debate: Does Cannabis Use by the Pregnant Mother Affect the Fetus and Newborn?», *Pediatric Endocrinology Reviews*, 15 (1): 4-7.

Parnes, J. E.; Smith, J. K. y Conner, B. T. 2018. «Reefer madness or much ado about nothing? Cannabis legalization outcomes among young adults in the United States», *The International Journal on Drug Policy*, 56: 116-120.

ANEXO

Jones, R. y Wilsdon, J. 2018. «The Biomedical Bubble. Why UK research and innovation needs a greater diversity of priorities, politics, places and people». Accesible en: https://www.nesta.org.uk/report/biomedical-bubble/.

Rawlins, M. 2008. «De testimonio: on the evidence for decisions about the use of therapeutic interventions», *Lancet*, 372 (9656): 2152-61.

LIBROS, INFORMES, ASOCIACIONES DE PACIENTES Y SITIOS WEB

❖ LIBROS, ❖

ESTRADA, A. 2018. *El médico del cannabis*. Barcelona: El Ángel.

GRINSPOON, L. y BAKALAR, J. B. 1998. *Marihuana. La medicina prohibida*. Barcelona: Paidós.

GROTENHERMEN, F. 2017. *Cannabis como medicamento*. Barcelona: Cáñamo Ediciones.

Grupo de Estudio de Políticas sobre el Cannabis (GEPCA). 2017. *Cannabis, de los márgenes a la normalidad. Hacia un nuevo modelo de regulación*. Barcelona: Ediciones Bellaterra.

HAZEKAMP, A. 2015. *Introducción al cannabis medicinal*. Barcelona: ICEERS.

HEEROMA, J. 2016. *Revisión médica del cannabis*. GH Medical. Accesible en: https://ghmedical.com/sites/default/files/GH%20Medical%20White%20Paper%20Spanish_0.pdf.

PEYRAUBE, R. y BOUSO, J. C. 2015. *¿Marihuana como medicina? Usos médicos y terapéuticos del cannabis y los cannabinoides*. México: México Unido Contra la Delincuencia, A. C. Accesible en: http://www.senado.gob.mx/comisiones/relext_orgint/ungass/docs/Documentos-por-temas/Salud-y-drogas/Informe-Marihuana-como-Medicina-MUCD.pdf.

RAMOS ATANCE, J. A. 2015. *Historias del cannabis*. Madrid: Los Libros de la Catarata.

— (coord.). 2017. *Efectos terapéuticos de los cannabinoides*. Madrid: Instituto Universitario de Investigación en Neuroquímica de la Universidad Complutense de Madrid. Accesible en: http://www.seic.es/wp-content/uploads/2013/10/EFECTOS-TERAPÉUTICOS-DE-LOS-CANNABINOIDES.pdf.

Regulación Responsable-D. P. Martínez Oró (eds.): *Las sendas de la regulación del cannabis en España*. Barcelona: Ediciones Bellaterra. Accesible en: https://www.dropbox.com/s/w0bgjpziwzour0l/LAS%20SENDAS%20DE%20LA%20REGULACION.pdf?dl=0.

ROSENTHAL, E.; GIERINGER, D. y MIKURIYA, T. 2001. *Manual Médico de la Marihuana. Guía para su uso terapéutico.* Castellar de la Frontera (Cádiz): Castellarte.

RUSSO, E.; GROTENHERMEN, F.; IVERSEN L. L. y NAVARRETE, R. 2003. *Cannabis y Cannabinoides. Farmacología, toxicología y potencial terapéutico.* Castellar de la Frontera (Cádiz): Castellarte.

VV. AA. 2016. *Marihuana y Salud.* México: Fondo de Cultura Económica.

❖ INFORMES, ❖

Americans for Safe Access. 2018. *Guide to using medical cannabis.* Accesible en: https://www.safeaccessnow.org/using_medical_cannabis.

Australian Government. 2017. *Guidance for the Use of Medicinal Cannabis in Australia. Patient Information.* Accesible en: https://www.tga.gov.au/sites/default/files/guidance-use-medicinal-cannabis-australia-patient-information.pdf.

Canadian Family Physician. 2018. *Simplified guideline for prescribing medical cannabinoids in primary care.* Accesible en: http://www.cfp.ca/content/cfp/64/2/111.full.pdf.

EMCDDA (European Monitoring Centre for Drugs and Drug Addiction). 2018. *Medical use of cannabis and cannabinoids.* Accesible en: http://www.emcdda.europa.eu/system/files/publications/10171/20185584_TD0618186ENN_PDF.pdf.

Fundación DAYA. 2017. *Cannabis: evidencia científica de uso medicinal, regulación y políticas públicas.* Accesible en: http://cannabismedicinal.cl/wp-content/uploads/2017/10/Evidencia-Cannabis-Medicinal-2017.pdf.

Goverment of Canada. 2013. *Information for Health Care Professionals: Cannabis (marihuana, marijuana) and the cannabinoids.* Accesible en: https://www.canada.ca/en/health-canada/services/drugs-medication/cannabis/information-medical-practitioners/information-health-care-professionals-cannabis-cannabinoids.html.

Grupo de Estudio de Políticas sobre el Cannabis (GEPCA). 2017. *Cannabis: un nuevo modelo de regulación.* Accesible en: https://gepca.es/cannabis-un-nuevo-modelo-de-regulacion/.

IDPC (International Drug Policy Consortium). 2018. *Políticas y prácticas sobre cannabis medicinal en el mundo.* Accesible en: http://fileserver.idpc.net/library/Medicinal%20cannabis%20briefing_SPA_FINAL.PDF.

Instituto Nacional de Salud de Perú. 2017. *Actualización de la Revisión y Síntesis de la Evidencia sobre Regulación del Uso Médico de Cannabis.* Accesible en: http://bvs.minsa.gob.pe/local/MINSA/4522.pdf.

Instituto Nacional del Cáncer (EE. UU.). s. f. *Cannabis y canabinoides (PDQ®)– Versión para pacientes.* Accesible en: https://www.cancer.gov/espanol/cancer/tratamiento/mca/paciente/cannabis-pdq.

— s. f. *Cannabis y canabinoides (PDQ®)– Versión para profesionales de salud.* Accesible en: https://www.cancer.gov/espanol/cancer/tratamiento/mca/pro/cannabis-pdq.

SÁNCHEZ, C. y COLLINS, M. 2018. *Better to Ask Forgiveness Than Permission: Spain's Sub-national Approach to Drug Policy.* Global Drug Policy Observatory: Policy Brief 12. Accesible en: http://fileserver.idpc.net/library/GDPO-PolicyBrief12-Spain's-Sub-national-Approach-to-Drug-Policy-June2018.pdf.

The National Academies of Sciences, Engineering, Medicine. 2017. *The Health Effects of Cannabis and Cannabinoids. The Current State of Evidence and Recommendations for Research.* Accesible en: https://www.nap.edu/catalog/24625/the-health-effects-of-cannabis-and-cannabinoids-the-current-state.

❖ ASOCIACIONES DE PACIENTES ❖

Asociación Dosemociones. http://www.dosemociones.com.

Unión de Pacientes por la Regulación del Cannabis. https://www.pacientescannabis.org.

❖ SITIOS WEB ❖

Alchimia Solidaria. https://alchimiaweb.org/es/.

Asociación Internacional por los Medicamentos Cannabinoides (IACM). https://www.cannabis-med.org/?lng=es.

Cannabis Magazine. http://www.cannabismagazine.es/digital/.

CANNABMED. https://www.cannabmed.com.

Cannativa. http://www.cannativa.net.

Energy Control. https://energycontrol.org.

Fundación CANNA: Investigación científica y análisis de Cannabis. https://www.fundacion-canna.es.

Fundación DAYA. http://www.fundaciondaya.org.

Fundación ENDOCA. https://www.endoca.com/es/fundacion

Green House Medical. http://ghmedical.com/.

Grupo de Estudio de Políticas sobre el Cannabis (GEPCA). https://gepca.es.

ICEERS: International Center for Ethnobotanical Education, Research & Service. http://www.iceers.org / YouTube: https://www.youtube.com/user/ICEERS.

Librería Muscaria. https://www.muscaria.com.

Marihuana Medicinal (portal de noticias de cannabis medicinal). https://www.marihuana-medicinal.com/.

Marihuana Televisión. https://marihuanatelevision.tv.

Observatorio Español de Cannabis Medicinal (OECM). https://www.oedcm.com/.

Regulación responsable: Iniciativa por la regulación del cannabis. https://www.regulacionresponsable.es.

Revista Cáñamo. https://canamo.net.

Sociedad Española de Investigación sobre Cannabinoides (SEIC). http://www.seic.es.

Sociedad Uruguaya de Endocannabinología (SUEN). https://www.facebook.com/endocannbinologiaUY/.

Undergrow TV. http://undergrow.tv.